시내산에서
갈보리로

시내산에서 갈보리로

지은이 | 정의호
초판 발행 | 2020년 7월 10일
펴낸 곳 | 그열매
출판등록 | 2003년 4월 15일
등록번호 | 제145호
등록된 곳 | (16919)경기도 광주시 오포읍 태재로 119
전화 | 031-711-0191
팩스 | 031-711-0149
E-mail | joyfulchurchkorea@gmail.com

www.joyful-c.or.kr

율법에서 은혜로1
원리편

시내산에서 갈보리로

정의호 지음

- 책을 쓰면서

우리 말에 세 살 버릇 여든까지 간다는 말이 있습니다. 사람은 자기가 가지고 있는 생활습관을 스스로 바꾸는 것이 어렵다는 뜻입니다. 이는 처음부터 바른 생활 습관을 형성하는 것의 중요성을 일깨워 줍니다.

신앙생활에서도 마찬가지입니다. 예수 그리스도를 믿을 때 많은 변화가 일어납니다. 하지만 그 속 사람이 온전히 바뀌는 것은 많은 훈련을 통한 값지불과 시간이 필요합니다. 옛 사람의 습관과 잘못된 신앙 스타일이 몸에 배어있기 때문입니다. 처음부터 굽어진 나뭇가지를 바르게 펴는 것이 어려운 것처럼 오래된 신앙 습관을 바꾸는 것은 어렵습니다.

기독교 신앙은 하나님의 율법인 구약 성경과 예수 그리스도의 십자가와 부활을 중심으로 한 신약 성경을 기초로 합니다. 그런데 아무도 율법으로는 하나님의 의에 이를 수 없습니다. 율법을 다 지킬 수 있는 사람은 아무도 없기 때문입니다. 이로 인해 이 땅에 예수 그리스도가 오셔야 했습니다. 이제 모든 사람은 율법의 행위가 아니라 오직 예수 그리스도를 믿음으로 의롭게 됩니다. 이것이 하나님의 은혜입니다. 그럼에도 예수님이 오셔서 이 은혜의 복음을 전파하실 때 서기관과 바리새인들은 그 복음을 거부하고 율법의 행위로 얻는 구원을 주장했습니다. 그들의 종교적인 관습이 새로운 복음을 받아들이지 못하게 했습니다. 그로 인해 자신도 천국에 들어가지 않을 뿐 아니라 들어가고자 하는 사람들까지 들어가지 못하게 했습니다.

오늘날 교회 안에도 이와 같은 종교인들이 많이 있습니다. 여전히 교회 안에 율법적인 전통과 교리들이 남아있기 때문입니다. 이것은 초대 교회 때부터 2,000년 동안 끊임없이 교회가 다루어온 첨예한 문제입니다. 그럼에도 불구하고 지금까지 해결되지 않는 것은 이것이 단순한 교리적인 문제가 아닌 하나님의 구원을 방해하는 종교적인 영과의 싸움이기 때문입니다. 그래서 예수님은 이들을 향해 그들의 아비가 마귀라고 말씀하셨습니다(요한복음 8:44).

이렇게 자기 열심과 노력으로 율법을 이루려는 종교인들은 평생 헌신과 노력으로 고생만 한 채 하나님 나라에 들어가지는 못합니다. 구원은 오직 예수 그리스도의 갈보리 십자가에서만 주어지기 때문입니다.

이들은 자기 열심으로 율법을 이루고자 하는 시내산으로 올라가느라 힘들고 지친 삶을 살다 결국 그들이 의지하는 그 율법의 정죄를 받아 심판 받습니다. 이런 사람은 이제 그 힘든 시내산에서 내려와 예수 그리스도의 십자가가 있는 갈보리로 올라가야 합니다. 시내산에는 힘들게 수고하면서도 늘 율법의 정죄에 시달리며 죄에 속박된 삶만 있을 뿐입니다. 그러나 예수 그리스도께서 죽으신 갈보리 십자가는 그 율법의 정죄로부터 자유와 쉼을 줍니다.

이 책은 우리를 율법의 실제와 그 역할의 한계를 설명합니다. 그리고 그 율법의 문제를 해결하신 예수 그리스도의 은혜로 안내합니다. 즉 우리가 왜 시내산에서 내려와 갈보리로 올라가야 하는지 그 이유를 설명하고 있습니다.

이 책을 통해 율법주의의 실제를 바로 이해하고, 그 율법을 완성하신 예수 그리스도의 은혜 안에서 자유케 되는 신앙을 할 수 있기를 기대합니다.

2020년 7월

CONTENTS

출애굽기 19: 1-8

¹ 이스라엘 자손이 애굽 땅을 떠난 지 삼 개월이 되던 날 그들이 시내 광야에 이르니라 ² 그들이 르비딤을 떠나 시내 광야에 이르러 그 광야에 장막을 치되 이스라엘이 거기 산 앞에 장막을 치니라 ³ 모세가 하나님 앞에 올라가니 여호와께서 산에서 그를 불러 말씀하시되 너는 이같이 야곱의 집에 말하고 이스라엘 자손들에게 말하라 ⁴ 내가 애굽 사람에게 어떻게 행하였음과 내가 어떻게 독수리 날개로 너희를 업어 내게로 인도하였음을 너희가 보았느니라 ⁵ 세계가 다 내게 속하였나니 너희가 내 말을 잘 듣고 내 언약을 지키면 너희는 모든 민족 중에서 내 소유가 되겠고 ⁶ 너희가 내게 대하여 제사장 나라가 되며 거룩한 백성이 되리라 너는 이 말을 이스라엘 자손에게 전할지니라 ⁷ 모세가 내려와서 백성의 장로들을 불러 여호와께서 자기에게 명령하신 그 모든 말씀을 그들 앞에 진술하니 ⁸ 백성이 일제히 응답하여 이르되 여호와께서 명령하신 대로 우리가 다 행하리이다 모세가 백성의 말을 여호와께 전하매

chapter

율법의 역할과 한계

신앙생활을 하는 방식은 사람에 따라 다르고 교파에 따라 다양할 수 있습니다. 그것을 크게 두 가지로 생각해본다면 예수 그리스도의 은혜로 하는 '십자가 중심의 신앙'과 자신의 노력으로 하나님의 율법을 지킴으로 의롭게 되고자 하는 '율법주의 신앙'입니다.

하나님이 주시는 구원은 우리의 선한 행위가 아닌 예수 그리스도를 믿음으로만 얻을 수 있습니다. 예수 그리스도의 십자가 신앙과 반대되는 것이 율법의 행위로 하나님의 의를 이루고자 하는 율법주의 신앙입니다. 믿음으로 구원받는 것을 거부하고 율법으로 구원을 얻고자 했던 바리새인들은 결국 자기 신앙과 충돌하는 예수 그리스도를 십자가에 죽였습니다. 왜냐하면 예수님이 율법을 폐한다고 생각했기 때문입니다.

율법주의 신앙은 예수 그리스도의 십자가 신앙과 원수 관계에 있습니다. 예수님이 십자가에 죽으신 후, 사도들과 바울이 십자가 복음을 전할 때도 율법주의자들인 유대인들로부터 많은 핍박과 배척을 받았습니다. 사도들이 전하는 구원의 방법이 자기들이 중시하는 율법적인 방법과 달랐기 때문입니다. 이처럼 율법주의 신앙과 십자가 복음은 서로 정반대이기에 충돌할 수밖에 없습니다.

우리가 믿는 신앙은 하나님의 구원은 우리의 어떤 종교적인 열심과 선한 행위가 아니라 오직 예수 그리스도를 믿음으로만 얻는다는 십자가 중심의 신앙에 있어야 합니다. 이 예수 그리스도의 십자가 중심의 신앙을 방해하는 것이 바로 율법주의 신앙입니다. 대부분의 사람들은 자기가 하고 있는 신앙이 가장 옳다는 확신을 가지고 있습니다. 그러나 그 옳은 신앙 속에도 율법주의적인 것들이 혼합되어 있을 수 있음을 간과해서는 안 됩니다.

흔히 율법주의라고 말하면 바리새인과 서기관을 떠올리게 됩니다. 그러나 이런 율법주의는 바리새인들에게만 있는 것이 아니라 오늘날 교회와 우리 안에도 그대로 있습니다. 율법주의 신앙은 하나의 역사적 사건으로 끝난 것이 아닙니다. 율법주의 신앙은 시대와 상관없이 어느 때나 항상 존재합니다. 오늘날 교회 안에도 2,000년 전과 똑같이 율법주의적인 종교생활을 하는 사람은 있습니다. 종교는 사단이 하나님을 섬기는 신앙을 모방하는 것입니다. 율법주의는 하나의 종교 패턴이기 전에 우리의 영적 생명을 빼앗는 교묘한 사단의 속임수입니다. 서로 다른 교회 간에서뿐만 아니라 같은 교회 안에서 서로 신앙적인 충돌이 일어나는 중요한 이유는 이런 율법주의 문제 때문입니다.

교회는 바리새인의 전례를 통해 율법주의 신앙이 나쁘다는 것을 알면서도 똑같이 율법적인 전통에 빠지는 일을 답습하고 있는 경우가 많습니다. 율법주의 신앙을 하는 것은 율법을 잘 알기 때문이 아니라 오히려 율법에 대해 잘 알지 못하기 때문입니다. 율법에 대한 바른 지식이 없거나 율법을 바로 이해하지 못하면 율법주의에 빠지게 됩니다. 하나님의 율법에 대해 잘 아는 사람은 결코 율법주의적인 신앙을 할 수 없습니다.

이단에 속한 사람은 그 이단의 실체를 모르기 때문에 그런 신앙을 합니다. 그 이단의 실체를 바로 알면 그곳에서 나오게 되는 것과 같이 율법주의의 실체를 알게 될 때 더 이상 거기에 머물지 않고 예수 그리스도께로 나오게 됩니다.

우리의 신앙생활에 있어 '율법'과 '은혜'는 매우 중요한 주제입니다. 율법이 무엇인지 알아야 율법에 대한 오해로 인한 율법의 희생자가 되지 않습니다. 더 나아가 율법을 잘 알게 될 때 그 율법을 통해 예수 그리스도의 은혜의 단계로 나갈 수 있습니다. 율법의 역할과 그 한계가 무엇인가를 잘 알아 우리 안에 율법주의 문제를 해결 할 수 있어야 합니다. 그래서 율법의 무거운 짐을 벗어버리고 예수 그리스도의 은혜로 신앙을 할 수 있기 바랍니다.

율법을 주신 이유

율법이 무엇인지 알기 위해서는 하나님이 우리에게 율법을 주신 이유와 그 동기를 알아야 합니다. 율법은 출애굽 시 시내산에서 모세를 통해 이스라엘 백성들에게 주어진 하나님의 계명입니다. 10계명을 생각하면 보다 쉽게 이해할 수 있습니다.

이 율법은 이스라엘 민족에게 처음부터 주어진 것은 아닙니다. 율법이 주어지기 전에도 하나님께서 이스라엘 백성과 함께 하셨습니다. 그때는 율법이 아니라 하나님의 은혜로 살았습니다. 이스라엘 민족의 조상인 아브라함 때부터 율법이 주어지기 전까지 이스라엘 백성들은 율법이 없이 하나님의 은혜로 살았습니다.

아브라함은 율법이 아니라 은혜로 이스라엘 민족의 조상이 되었으며, 믿음의 조상이 되었습니다. 아브라함이 어떤 선한 일, 착한 일을 했기 때문이 아닙니다. 그는 우상을 섬기는 아버지 데라의 가정에서 태어나 75세가 되도록 자식이 없는 불행한 삶을 살았습니다. 아브라함은 하나님 앞에 행한 어떤 선한 일 때문이 아니라 오직 하나님의 은혜로 부르심을 받았습니다. 그는 하나님의 은혜로 열국의 아비가 되고, 이스라엘의 조상이 되고, 오늘날 모든 믿는 자의 조상이 되었습니다. 자신의 자격이나 행위가 아닌 하나님의 일방적인 은혜로 된 것입니다. 하나님의 은혜가 아브라함의 인생을 놀랍게 변화시켰습니다. 이렇듯 우리 인생이 변화된 것은 하나님의 은혜 때문입니다. 이 세상에 사람의 힘으로 할 수 없는 놀라운 일들은 모두 하나님의 은혜로 됩니다.

아브라함의 후손인 이스라엘 백성들이 애굽에서 430년간의 노예 생활 끝에 그곳에서 탈출하게 됩니다. 그들이 애굽에서 무슨 선한 일을 하거나, 율법을 잘 지키는 삶을 산 것이 아닙니다. 그들은 율법이 주어지기 전에 그곳에서 살았습니다. 그들은 어떤 자격이나 선행이 아니라 오직 하나님의 은혜로 애굽의 노예 생활에서 벗어나게 되었습니다. 그렇게 출애굽 한 이스라엘 백성들은 홍해에 이르렀을 때 바로의 군대에 추격을 당해 죽게 될 상황이 되었습니다. 그때 이스라엘 백성들이 하나님께 나가 철야 기도를 하거나 금식 기도를 하고 하나님의 도움을 바라며 하나님께 예배를 드린 것이 아닙니다. 바로의 군대가 뒤에서 추격해오는 그 상황에서 이스라엘 백성은 오히려 모세를 대적하며 원망하는 말을 했습니다. 홍해를 건너기 전 이스라엘 백성들은 하나님 앞에 선한 일을 한 것이 아닙니다. 그들은 오히려 얼마 전에 받은 하나님의 은혜를 악으로 대하는 악한 모습을 보였습니다. 그럼에도 하나님은 오히려 바로의 군대를 홍해에 빠뜨리고, 그들은 홍해를 맨땅으로 건너게 하셨습니다. 그들의 자격이나 선행이 아니라 하나님의 은혜 때문입니다. 이처럼 하나님의 은혜는 우리의 상식으로 이해할 수 없는 하나님의 일방적인 사랑입니다.

이렇게 큰 은혜로 구원받은 이스라엘 백성들은 그 이후로 어려운 사건을 만날 때마다 받은 은혜를 잊어버린 채 다시 불평하고 원망하는 일을 반복했습니다. 그 은혜를 당연하게 여기며 쉽게 잊어버렸기 때문입니다. 430년 동안 노예로 살던 저주받은 인생에서 홍해를 건너고 탈출했는데, 그 은혜에 합당한 삶을 살지 못했습니다. 이것이 이해할 수 없는 하나님의 은혜에 대한 이스라엘 백성들의 이해할 수 없는 반응이었습니다. 하나님께 은혜를 받고도 감사하는 삶을 살지 못하면 그 다음 단계로 불평과 원망을 하게 됩니다. 은혜를 은혜로 여기지 않고 감사하지 않으면 악한 마음이 악한 자에게 틈을 내어주게 됩니다. 하나님의 은혜를 감사하지 못하게 하는 것은 하나님의 은혜를 시기하는 악한 자에게 그 마음을 빼앗기기 때문입니다.

이스라엘 백성들은 하나님의 이 놀라운 은혜로 홍해를 건넌 지 사흘 만에 마라의 쓴 물 앞에서 모세를 대적하며 원망 불평하는 일을 했습니다. 출애굽과 홍해의 감격적인 은혜가 3일 만에 사라지고 말았습니다. 아무리 큰 은혜를 받아도 그 은혜를 지키지 못하면 악한 자에게 빼앗긴 채 불평과 원망으로 그 은혜를 배반하게 됩니다. 계속 하나님의 은혜만 구하면서 감사하지 않는 것보다 이미 주어진 은혜를 감사함으로 받은 은혜를 지키는 것이 더 중요합니다. 감사가 없으면 불평으로 그 은혜를 쏟아 버리기 때문입니다.

이스라엘 백성들은 하나님의 엄청난 은혜를 받고도 마라 사건을 통해 3일 만에 그 은혜를 쏟아버린 부끄럽고 가슴 아픈 경험을 했습니다. 그러면 다음부터는 그런 배은망덕한 부끄러운 일을 반복하지 않아야 할 것입니다. 그런데 이스라엘 백성들은 출애굽의 은혜를 받은지 한 달 째 되는 날 신 광야에서 먹을 떡과 고기가 없다고 다시금 모세와 아론을 향해 대적하며 불평했습니다. 애굽에서 고기와 떡을 배불리 먹던 때가 좋았다고 하면서 이 광야에서 죽게 한다고 억지를 부리며 모세와 아론을 원망했습니다. 원망과 불평은 하면 할수록 그 정도가 심해지면서 습관화됩니다. 그 악한 말을 통해 그 마음과 입술이 악한 자에게 잡히기 때문입니다.

그럼에도 불구하고 하나님은 불평하는 그들을 굶어 죽게 하지 않으시고 양식을 주시되 떡과 고기를 실컷 먹을 수 있는 은혜를 베풀어 주셨습니다. 그들은 그것으로 인해 그 이후에는 다시는 불평하지 않고 하나님께 감사하는 삶을 살아야 할 것입니다. 그러나 떡과 고기를 배부르게 먹은 후 그들은 다시 르비딤에서 마실 물이 없다고 또 모세에게 불평하며 하나님을 원망하는 일을 반복했습니다.

아무리 많은 은혜를 베풀어 섬겨주어도 그에 대한 감사가 없으면 은혜 베푼 것은 잊어버린 채 원망과 불평하는 죄를 짓게 됩니다. 하나님의 은혜가 아니라면 배은망덕한 죄를 짓는 이스라엘 백성은 그곳에서 다 목말라 죽었을 것입니다. 하지만 하나님은 그때도 모세를 통해 호렙산 반석에서 물을 내어서 백성들이 마시게 하셨습니다. 그들은 자신의 능력이나 자격으로는 살아갈 수 없었기에 하나님의 은혜가 필요했습니다. 이스라엘 백성들은 하나님의 은혜가 없었다면 애굽에서, 홍해 앞에서, 마라에서, 신광야에서, 르비딤에서 어느 한 순간도 살아남지 못하고 죽었을 것입니다. 그들은 매 순간 죽을 수밖에 없었지만 하나님의 은혜로 살았습니다. 그럼에도 그들은 그런 은혜를 깨닫지 못했습니다.

그래서 이런 놀라운 하나님의 은혜를 받고도, 받은 것에 감사하지 못하고 원망함으로 은혜를 배반하는 행동을 반복했습니다. 그들은 받은 은혜는 감사하지 않고 당연시 하면서 자기에게 부족한 것, 어려운 것, 안 되는 것, 잘못된 것만 찾아 불평했습니다. 이것이 하나님의 은혜를 배반하는 사람들의 특징입니다. 하나님으로부터 받은 은혜를 지키며 그 은혜를 누리는 사람은 하나님으로부터 받은 것을 감사하는 마음을 잃지 않고 마음에 귀하게 간직하고 있습니다. 그들은 자신이 받을 자격이 없음에도 하나님의 은혜로 받은 것을 인정하기 때문입니다. 하나님에 대한 겸손한 마음이 하나님의 은혜를 귀하게 여기며 지키게 됩니다.

하나님의 은혜를 저버리고 원망하고 불평하는 그 자체보다 더 큰 문제는 그런 자신의 행동이 얼마나 심각한 죄인지를 알지 못하는 것입니다. 홍해 앞에서 애굽 군대가 추격해오고, 마라에서 물이 쓰고, 광야에서 먹을 것이 없을 때 원망하고 불평한 것은 그런 상황에서 그렇게 하는 것을 당연하다고 생각하기 때문입니다. 그래서 불평하는 사람들은 나름대로 불평할만한 타당한 이유를 가지고 있기에 자기가 무엇을 잘못했는지 모릅니다. 다른 사람들도 그런 상황에서는 원망하고 불평하기 때문에 특별히 자기 잘못을 인정하는 것이 어렵습니다.

이렇게 자기가 행한 죄를 당연시하면서 문제의식이 없으면 그 죄에서 돌이키는 것이 어렵습니다. 자기가 행한 죄를 인정하지 않으면 그 죄를 회개할 수 있는 기회를 놓치는 것입니다. 자기가 행한 죄를 깊이 깨닫고 회개해야 그 죄에서 돌이킬 수 있습니다. 그런데 이스라엘 백성들이 홍해에서 원망, 불평한 그 죄를 40년 동안 반복했습니다. 같은 죄를 계속 반복하는 것은 자기 죄를 깊이 인정하지 못함으로 인해 그 죄를 회개하고 돌이키지 못하기 때문입니다.

예수님은 자기 눈에 들보가 있는 사람이 남의 눈에 티끌을 빼려한다고 말씀하셨습니다. 남의 눈에 티끌을 빼려는 사람은 자기 죄가 무엇이며, 어떤 문제를 가지고 있는지를 모릅니다. 들보가 자기 눈을 가리고 있기 때문입니다. 이런 이스라엘 백성들의 모습이 우리 안에도 있습니다. 그래서 어려운 일을 만날 때마다 하나님을 원망하고, 지도자를 불평하는 고질적인 죄가 끊어지지 않고 반복됩니다. 죄에 대한 인식과 절대적인 기준이 없음으로 인해 죄에 대한 개념이 없기 때문입니다.

율법이 없으면 사람들은 죄를 짓고도 그것이 죄인 줄 알지 못합니다. 하나님이 율법을 주신 이유는 율법이라는 기준이 없이는 사람들이 죄를 죄로 여기지 않기 때문이었습니다. 그래서 하나님 앞에 배은망덕한 죄를 짓고도 그것을 부끄러워하거나 죄책감을 가지기는커녕 오히려 당당하고 뻔뻔하게 하나님을 원망하며 불평합니다.

로마서 5:13
죄가 율법 있기 전에도 세상에 있었으나 율법이 없었을 때에는 죄를 죄로 여기지 아니하였느니라

율법이 주어진 모세 이전에도 인간에게 죄는 있었습니다. 하지만 죄를 정할 기준이 없었기에 그때는 죄를 죄로 여기지 않았습니다. 불평이 죄라는 것을 말하지 않으면 아무도 불평하는 것을 죄라고 생각하지 않습니다. 도둑질 하지 말라는 율법이 없으면 도둑질을 해도 죄가 안 됩니다. 하나님은 하나님과 모세를 원망하고 불평하는 죄를 죄로 여기지 않는 이스라엘 백성들에게 죄가 무엇인지 깨닫게 하기 위해 율법을 주셨습니다.

갈라디아서 3:19
그런즉 율법은 무엇이냐 범법하므로 더하여진 것이라 천사들을 통하여 한 중보자의 손으로 베푸신 것인데 약속하신 자손이 오시기까지 있을 것이라

율법은 범법함으로 더하여 진 것이라고 합니다. 율법은 기존에 은혜로만 사는 것에 죄 때문에 더해진 것입니다. 은혜로만 사니까 사람들이 은혜를 모르고, 죄를 짓고도 죄가 죄인 줄도 몰랐습니다. 이렇게 죄를 짓는 사람이 있었기 때문에 율법이 주어진 것입니다. 죄가 없으면 율법도 필요 없습니다. 또한 율법이 없으면 죄도 없습니다. 율법은 죄를 깨닫게 하기 위해 주신 것으로 죄의 기준이 되기 때문입니다.

율법을 주신 대상

율법이 있기 전 에녹, 노아, 아브라함과 같은 사람에게는 율법이 필요하지 않았습니다. 그들은 하나님의 은혜의 법으로 살았기 때문입니다. 율법은 하나님의 은혜로 사는 것을 저버리고 죄를 짓는 이스라엘 백성들에게 주어진 것입니다. 율법은 의인을 위해 주어진 것이 아니라 죄인들을 위해 주어진 것입니다. 죄인은 율법을 통해 자기 죄를 깨닫는 것이 필요하기 때문입니다.

디모데전서 1:9
알 것은 이것이니 율법은 옳은 사람을 위하여 세운 것이 아니요 오직 불법한 자와 복종하지 아니하는 자와 경건하지 아니한 자와 죄인과 거룩하지 아니한 자와 망령된 자와 아버지를 죽이는 자와 어머니를 죽이는 자와 살인하는 자며
디모데전서 1:10
음행하는 자와 남색하는 자와 인신 매매를 하는 자와 거짓말하는 자와 거짓 맹세하는 자와 기타 바른 교훈을 거스르는 자를 위함이니

율법은 옳은 사람을 위해서 주신 것이 아니라 불의한 자를 위해 주어진 것입니다. 성경은 율법을 주신 것이 누구를 위함인지 다음과 같이 말합니다. 율법은 불법한 자, 복종하지 않는 자, 경건하지 않은 자, 거룩하지 않은 자, 망령된 자, 아버지를 죽이는 자, 어머니를 죽이는 자, 살인하는 자, 음행하는 자, 남색하는 자, 인신 매매 하는 자, 거짓말하는 자, 거짓 맹세하는 자, 기타 바른 교훈을 거스르는 자를 위해 주어진 것입니다. 이런 죄가 없는 사람에게는 율법이 필요 없습니다. 그러나 여전히 이런 죄 가운데 있는 사람에게는 율법이 필요합니다. 그래야 자기 죄를 깨닫고 예수님께 나갈 수 있기 때문입니다.

율법의 역할

하나님께서 우리에게 율법을 주실 때 하나님은 이미 우리가 그 율법을 다 지킬 수 없다는 것을 아시면서 주셨습니다. 하나님은 우리가 율법을 다 지키리라고 전혀 기대하지 않으십니다. 그럼에도 불구하고 하나님께서 어차피 지키지 못할 율법을 주시는 데는 그만한 이유가 있습니다.

하나님의 기준을 알게 함

율법은 하나님이 우리에게 요구하시는 하나님의 의의 기준을 알려 줍니다. 율법이라는 기준이 없으면 사람들은 각자 자기 기준으로 스스로 의롭게 여기며 자기 의를 주장하게 됩니다. 유교를 믿는 사람은 자기 유교의 기준으로 자기 의를 주장합니다. 무신론자도 자기 나름 대로의 철학을 기준으로 자기 의를 주장합니다. 하나님이 정하신 절대적인 의의 기준이 없으면 각각 사람마다 주관적인 의를 내세우게 됩니다. 그래서 하나님은 이 세상에 하나님이 정하신 절대적인 의의 기준이 무엇인가를 알려주기 위해서 율법을 주셨습니다. 이 하나님의 기준을 알게 될 때, 아무도 자기 의를 주장할 수 없는 죄인임을 인정하게 됩니다.

바리새인들은 어려서부터 율법을 배우고, 평생 율법을 연구해 스스로 율법을 잘 안다고 자부했습니다. 그들은 자기들이 세운 율법 지식으로 다른 사람을 정죄, 판단하며 스스로를 의롭게 여겼습니다. 그래서 예수님까지 판단하고 정죄했습니다. 그들이 자신들은 의롭게 여기면서 예수님까지 판단하고 정죄한 이유는 율법에 대한 바른 지식이 없었기 때문입니다.

로마서 10:2

내가 증언하노니 그들이 하나님께 열심이 있으나 올바른 지식을 따른 것이 아니니라

로마서 10:3

하나님의 의를 모르고 자기 의를 세우려고 힘써 하나님의 의에 복종하지 아니하였느니라

하나님에 대한 열심이 있다고 다 바른 지식을 따라 하는 신앙은 아닙니다. 자신이 성경을 잘 알고 하나님과 교회에 대해서 잘 안다고 생각하면 그 사람은 아직 자신이 꼭 알아야 할 것을 모르는 사람일 수 있습니다. 자신이 율법을 잘 안다고 생각하고 그 율법 지식으로 남을 정죄, 판단한다면 아직 하나님이 주신 의의 기준을 모르는 것입니다. 그런 사람은 자기 의를 세우기 위해 오히려 힘써 하나님의 의를 복종하지 않는 행동을 하게 됩니다. 진정으로 율법을 알면 알수록 자기가 죽을 수밖에 없는 죄인인 것을 깨달을 수밖에 없습니다.

하나님이 주신 율법을 제대로 알지 못하면 그 율법으로 오히려 사람을 잘못된 데로 인도하여 영혼을 죽이는 일을 합니다. 우리의 죄를 깨닫게 하기 위해 주신 율법을 제대로 알게 되면 그 율법으로 결코 남을 정죄할 수 없습니다. 율법을 잘 알아갈수록 자기 죄가 드러나기 때문입니다. 율법을 진실되게 지키려고 하면 할수록 바로 그 율법이 자신을 정죄하여 죽게 하는 역할을 합니다. 이런 사람이 양심적으로 율법을 지키려 함으로 율법의 진리를 깨달은 진정한 율법자라 할 수 있습니다. 교회 안에서 신앙을 잘하기 위해 하나님을 잘 섬긴다고 하면서 오히려 자기 의가 강하고 교만하여 남을 판단하고 교회를 판단하는 사람이 있습니다. 이들은 하나님의 말씀을 잘 모름으로 인해 율법주의자가 된 것입니다. 바로 이런 사람들에게 하나님이 내신 의의 기준을 알려주기 위해 율법이 주어진 것입니다.

죄를 깨닫게 함

하나님은 율법으로 우리를 의롭게 되게 하려고 율법을 주신 것이 아닙니다. 율법은 우리 속에 있는 죄를 깨닫게 하기 위해 주셨습니다.

로마서 3:20

그러므로 율법의 행위로 그의 앞에 의롭다 하심을 얻을 육체가 없나니 율법으로는 죄를 깨달음이니라

어떤 사람은 하나님 앞에 의롭게 되기 위해 최선을 다해 율법을 지키며 선한 행위를 하려고 애쓰기도 합니다. 그 자체가 잘못된 것만은 아니지만 그런 사람이 알아야 할 것은 율법의 행위로는 의롭게 될 수 없다는 것입니다. 그 사람이 모든 힘을 다해서 율법을 지키려고 진실되게 행했다면 결국 자신이 죄인이라는 것을 깨닫게 됩니다. 이런 율법의 원리를 이해하지 못하면 교회 안에서 바리새인과 같은 종교생활을 할 수밖에 없습니다.

율법으로 의롭게 되고자 하는 사람은 율법을 모르는 사람입니다. 그런 사람은 자신이 율법을 지키려고 헌신하고 충성함으로 인해 다른 사람보다 더 의롭게 되었다고 생각합니다. 그러나 성경은 율법으로는 의롭게 되는 사람이 없고, 오직 율법을 통해 죄를 깨닫게 될 뿐이라고 말합니다. 율법이 없으면 자신이 죄인인 것을 깨달을 수 없습니다. 간음하지 말라는 율법이 없으면 간음하는 것이 죄가 아닙니다. 우리

나라는 과거 간통죄라는 법이 있었기 때문에 간통하는 것이 죄가 되었습니다. 그러나 간통죄라는 법이 폐지되면서 간통은 더 이상 죄가 아닙니다. 이와 같이 율법은 죄를 죄로 정하는 역할을 합니다.

율법이 없으면 모든 사람이 자신을 의인처럼 여기며 살아갑니다. 자신의 신앙이 옳다고 여기기 때문에 다른 사람을 판단하고 가르치려 합니다. 이는 율법을 제대로 모르기 때문에 일어나는 문제입니다. 율법을 잘 알고 지키려 할수록 다른 사람을 판단하고 정죄하는 것이 아니라 자기 자신의 죄로 인해 겸손하게 됩니다. 율법이 자기 죄를 고소하기 때문입니다. 이런 상황을 사도 바울은 다음과 같이 고백합니다.

로마서 7:10
생명에 이르게 할 그 계명이 내게 대하여 도리어 사망에 이르게 하는 것이 되었도다

사도 바울은 이전에 철저한 바리새인이며 율법주의자였습니다. 자기 스스로 율법으로는 흠이 없다고 확신했습니다. 그는 율법을 그렇게 열심히 지키면 하나님의 의로 생명에 이를 수 있을 줄로 믿었습니다. 그런데 그렇게 열심히 지킨 그 율법의 계명이 도리어 자신을 사망에 이르게 하는 것이 되었다고 말합니다. 이것이 율법이 하는 기능입

니다. 최선을 다해 율법을 지키려고 노력한 결과 결국 죽게 되는 것이 율법주의의 결말입니다. 자기가 살기 위해 지킨 그 율법이 도리어 자신을 사망에 이르게 하는 결과를 가져옵니다.

로마서 7:24
오호라 나는 곤고한 사람이로다 이 사망의 몸에서 누가 나를 건져내랴

율법으로 의를 얻고자 하는 사람은 모두 사도 바울과 같은 고백을 할 수밖에 없습니다. 율법에 따라 살려고 하면 할수록 더 힘들고 영혼이 곤고하게 되기 때문입니다. 만약 율법을 따라 살면서도 이런 고백이 나오지 않는다면 아직 율법을 철저히 지키지 않는 사람일 것입니다. 율법적인 신앙을 하면서도 차지도 않고 뜨겁지도 않게 신앙을 대충 하기 때문입니다. 하나님 앞에 정말 신앙을 잘해보려고, 하나님의 율법을 지키려고 최선을 다해 헌신하고 충성하는 사람이라면 다음과 같은 고백을 하게 될 것입니다.

"아, 나는 이제 더 이상은 못하겠다. 앞으로 얼마나 더 열심히 해야 온전한 신앙을 할 수 있는가? 도대체 언제까지 이렇게 힘들게 살아야 하는가. 이제 나는 한계에 부딪혔다. 내 힘으로는 도저히 더 이상 신앙을 잘 할 자신이 없다." 이런 마음이 율법으로 신앙하는 사람들의 솔직한 고백입니다.

율법으로 신앙하는 사람에게는 신앙하는 그 자체가 고통이며 무

거운 짐입니다. 그런 사람에게는 기쁨과 자유함은 없고 하나님을 섬기는 것이 마음을 짓누르는 부담이며, 불안한 마음과 두려움에 눌린 삶을 삽니다. 하나님께 최선을 다 하려고 하지만 영혼에 진정한 만족과 쉼은 없습니다. 늘 하나님의 기준에 못 미쳤다는 자책감과 정죄감에 시달립니다. 자신에 대해 "내가 이 이상 무엇을 어떻게 해야 하는가, 나는 도저히 안 되겠다"고 한탄하는 말을 합니다. 또 다른 한편으로는 자기처럼 열심히 하지 못하는 사람들에 대해 판단하는 마음으로 괴로워합니다. 자기 자신을 보면 늘 하나님 앞에 미달되는 사람이고, 자기보다 열심히 하지 않는 사람을 보면 화가 나고 피해의식이 생깁니다. 이로 인해 마음에 평안과 기쁨이 사라진 채 어두운 삶을 삽니다. 이것이 율법주의 신앙의 실제입니다. 율법이 주는 약점은 율법으로 자기 죄를 깨닫게는 해주지만, 그 율법이 자기 죄를 해결해주지는 못하는 것입니다. 그래서 율법적으로 신앙하면 자기 신앙의 한계를 느끼며 절망할 수밖에 없습니다.

그리스도께로 인도하는 안내자

하나님은 율법을 다 지켜서 의롭게 되라고 우리에게 율법을 주신 것이 아니라 우리를 그리스도께로 인도하는 안내자 역할을 하도록 율법을 주셨습니다. 물론 율법을 다 지키면 의롭게 될 수는 있습니다. 하나님의 율법은 거룩하고 순결하여 우리를 의롭게 할 수 있기 때문입니다. 하지만 아무도 그 율법을 다 지킬 수 없다는 것이 문제입니다.

그럼에도 불구하고 하나님께서 그 율법을 주신 데는 또 다른 뜻이 있습니다. 그것은 우리가 자기 힘으로 율법을 지킬 수 없는 죄인이라는 것을 깨닫게 하는 것입니다. 또한 율법으로는 자기 죄 문제를 해결할 수 없다는 것과 그로 인해 자기 죄 문제를 해결해줄 수 있는 누군가의 도움이 필요하다는 것을 인정하게 하는 것입니다. 그 율법은 우리에게 이렇게 말합니다. "나는 너로 하여금 자신의 죄를 깨닫게 하는 능력이 있지만 너의 죄를 해결 해 줄 수는 없다. 대신 너의 죄를 해결 해 줄 수 있는 그 분께로 너를 인도해주는 것이 내 역할이다." 이것이 바로 율법을 주신 이유입니다. 율법은 율법을 통해 죄를 깨달은 사람을 예수 그리스도께로 인도하는 초등교사의 역할을 합니다. 율법은 자신이 죄를 해결할 수 없기에, 죄를 해결할 분에게 임무를 인계하는 것입니다.

갈라디아서 3:24
이같이 율법이 우리를 그리스도께로 인도하는 초등교사가 되어 우리로 하여금 믿음으로 말미암아 의롭다함을 얻게 하려 함이라
갈라디아서 3:25
믿음이 온 후로는 우리가 초등교사 아래에 있지 아니 하도다

우리는 초등교사인 율법을 통해 죄를 깨닫고 그리스도께로 인도함을 받아 그리스도를 믿음으로 의롭게 됩니다. 성경은 "믿음이 온

후로는 우리가 초등교사 아래에 있지 아니 하도다"라고 말합니다. 예수 그리스도를 믿음으로 의롭게 된 사람은 더 이상 율법 아래 있을 이유가 없습니다. 율법의 역할이 예수 그리스도께로 인도하는 것인데, 그리스도를 믿게 되면 이제 초등교사의 역할은 끝난 것입니다. 그럼에도 불구하고 아직도 율법으로 의롭게 되려하는 사람은, 예수 그리스도가 오셨는데도 그분을 믿지 않고 여전히 율법에 매달리는 서기관과 바리새인 같은 사람입니다. 이는 성령으로 시작한 믿음을 다시 육체로 마치는 행위입니다. 성경은 그들의 마음이 완고해서 수건이 덮여져 있는 상태라고 말씀합니다.

고린도후서 3:15
오늘까지 모세의 글을 읽을 때에 수건이 그 마음을 덮었도다
고린도후서 3:16
그러나 언제든지 주께로 돌아가면 그 수건이 벗겨지리라

모세의 글은 율법을 말합니다. 율법을 읽을 때 수건이 그 마음을 덮었다고 합니다. "그러나 언제든지 주께로 돌아가면 그 수건이 벗겨진다"고 말씀하십니다. 주께로 돌아가라고 했는데 돌아가지 않으면 계속 수건으로 가려져 있게 됩니다. 율법을 깨닫지 못하는 사람은 끝까지 자기 힘으로 율법의 의를 이루고자 합니다. 만약 우리 중 누군가가 율법을 다 이룬다면 그는 아마 인류 최초로 하늘에 있는 기네스북

에 오르게 될 것입니다. 율법이 주어진 이후로 3,500년 동안 아무도 율법을 다 이룬 사람이 없었기 때문입니다. 지금까지 수많은 사람이 도전하고 있지만 아무도 성공한 적 없는 '율법 다 이루기'에 도전하는 사람은 평생 고생만 하다 탈진하거나, 아니면 외식하는 종교인이 될 것입니다.

로마 가톨릭 교회 사제였던 루터는 자기 행위로 구원을 얻기 위해 무릎으로 계단을 오르기까지 하는 고행을 다 해도 구원의 확신을 가질 수 없었습니다. 그러던 그가 "의인은 믿음으로 살리라"는 로마서의 말씀을 깨닫고 율법으로 구원을 얻으려는 로마 카톨릭 교회를 개혁하는 운동을 했습니다. 루터가 이미 500년 전에 율법의 행위로 구원받으려는 종교를 개혁 했음에도 불구하고 오늘날 교회 안에는 여전히 개혁 이전의 율법적인 종교 생활을 하는 사람이 있습니다. 예수 그리스도를 믿지 않음으로 인해 율법의 수건이 그 마음을 가리고 있기 때문입니다.

하나님은 모세를 통해 율법을 주시기 전에 먼저 백성들의 의향을 물어보셨습니다. 하나님이 모세에게 이렇게 말씀하셨습니다.

출애굽기 19:5
세계가 다 내게 속하였나니 너희가 내 말을 잘 듣고 내 언약을 지키면 너희는 모든 민족 중에서 내 소유가 되겠고

출애굽기 19:6

너희가 내게 대하여 제사장 나라가 되며 거룩한 백성이 되리라 너는 이 말을 이
스라엘 자손에게 전할지니라

만약 지금 하나님께서 우리에게 이런 말씀을 하신다면 어떻게 대
답할 것인지 생각해보시기 바랍니다. 대부분 당연히 하나님의 말씀
을 잘 듣고 그 언약을 잘 지켜서 하나님의 거룩한 백성이 되겠다고 할
것입니다. 그래서 이스라엘 백성들도 그렇게 대답했을 것입니다.

출애굽기 19:8

백성이 일제히 응답하여 이르되 여호와께서 명령하신 대로 우리가 다 행하리
이다 모세가 백성의 말을 여호와께 전하매

하나님의 말씀에 대해 이스라엘 백성들은 일제히 "하나님이 명령
하시는 대로 우리가 다 행하겠습니다"라고 대답했습니다. 이것은 그
들이 아직 율법의 실제를 모르는 무지에서 나온 대답입니다. 하나님
이 말씀하시는 율법을 자신의 힘으로 지킬 수 있다고 생각했기에 그
렇게 대답했습니다. 그래서 그들의 후예인 유대인들은 지금까지도 지
킬 수 없는 이 율법을 지키려고 예수 그리스도께로 돌아오지 못하고
있습니다.

만약 백성들이 자신의 실체를 알고 율법의 실제를 알았더라면 감

히 그렇게 대답할 수 없었을 것입니다. 그들은 도리어 하나님의 말씀을 들었을 때 "하나님, 우리가 하나님의 말씀을 지켜야 하는 줄은 알지만, 우리는 너무 약하여 우리 힘으로는 도저히 하나님이 말씀하신 율법을 지킬 수 없을 것 같습니다. 하나님의 도우심이 필요합니다" 이렇게 고백했을 것입니다.

우리는 자기 힘으로는 결코 율법을 다 지킬 수 없음을 인정해야 합니다. 자기 노력과 열심으로 지킬 수 없는 그 율법을 지키려고 하면 오히려 율법주의라는 수렁에 빠집니다. 그 결과는 지킬 수 없는 율법을 잘 지키는 것처럼 외식하며 교만하거나, 아니면 자신의 연약함으로 인해 낙심하고 좌절하게 될 것입니다. 만약 그 율법을 다 지킨 사람이 나왔다면 그는 그 순간 자기 의라는 교만의 죄로 그 즉시 넘어질 것입니다.

자신의 힘으로 하나님을 섬기겠다는 열심은 3,500년 전 시내산에서 하나님 앞에 이스라엘 백성이 한 것과 동일한 모습입니다. 이렇게 자기 노력과 힘으로 신앙생활을 잘 할 수 있다고 자신하는 사람들이 율법주의에 빠지게 됩니다. 율법주의자들이 특별히 나쁘거나, 이상한 사람들이 아닙니다. 오히려 순수한 열정으로 최선을 다해 말씀대로 살려는 사람들입니다. 다만 그들이 연약한 자신의 실제를 인정하지 못하는 것이 문제입니다. 누구보다도 선하고, 반듯하게 신앙하려는 자신의 선한 동기만 중요하게 여기기 때문에 오히려 자기 문제를 인정하기 어렵습니다. 그러면서 자신처럼 살지 않는 다른 사람의 신앙을 문제로 삼습니다.

갈라디아서는 율법주의에 빠진 갈라디아 교회를 향한 말씀이기 때문에 율법과 은혜에 대해서 잘 설명하고 있습니다.

> 갈라디아서 2:16
>
> 사람이 의롭게 되는 것은 율법의 행위로 말미암음이 아니요 오직 예수그리스도를 믿음으로 말미암는 줄 알므로 우리도 그리스도 예수를 믿나니 이는 우리가 율법의 행위로써가 아니고 그리스도를 믿음으로써 의롭다 함을 얻으려 함이라 율법의 행위로써는 의롭다 함을 얻을 육체가 없느니라

성경은 사람이 의롭게 되는 것이 율법의 행위로 말미암지 않는다고 말씀합니다. 오직 예수 그리스도를 믿음으로만 의롭게 된다고 했습니다. 그럼에도 율법의 행위로 의롭게 되고자 하는 사람을 흔히 볼 수 있습니다. 일반적으로 모범적인 신앙을 하는 사람들 안에도 율법주의적인 요소를 발견할 수 있습니다. 그러므로 우리는 오직 예수 그리스도를 믿음으로만 의롭게 되는 믿음을 가져야 합니다. 예수 그리스도 중심이 아닌 열심은 율법적인 자기 의를 세우는 것일 뿐입니다.

율법주의의 대표적인 모델인 바리새인들은 사람들 보기에는 매우

반듯한 사람들이었습니다. 그들은 안식일을 철저히 지키려 했고, 음식법 등 정결법을 엄격히 지키려 했습니다. 십일조를 철저하게 지키려 했고, 하루 세 번 씩 정해진 시간에 기도하고, 일주일에 2번은 금식하기도 했습니다. 지금도 이스라엘 땅의 유대인들은 안식일을 지키기 위해 금요일 오후부터 모든 상점을 철수하며 안식일을 준비하는 모습을 볼 수 있습니다. 그리고 이스라엘 사람들이 장사하는 가게에는 가난한 사람을 위해 물건을 따로 떼어 놓으며 부지런히 구제하려고 힘쓰기도 합니다. 이것이 모세 이후로 3,500년 동안 율법을 지키려는 유대인들의 전통입니다. 그들의 조상들이 하나님 앞에 "율법을 다 지키겠습니다!"라고 약속한 대로 율법을 철저히 지키려 합니다.

그런데 이렇게 철저하게 율법을 지키려고 하는 사람들이 율법주의 종교에 빠지게 됩니다. 오늘날 교회 안에서 자기 성실과 열심으로 신앙하려는 사람이 율법주의적인 종교생활에 빠지는 것과 같은 원리입니다. 이들은 하나님 중심이 아니라 자기 주도적인 신앙을 하려는 성향을 가지고 있습니다. 이런 사람은 매우 성실하여 자기 노력으로 자수성가하여 사회적으로 성공을 이루기도 하고, 어떤 목표를 정하면 이루고야 마는 목표에 대한 성취력과 집념이 매우 강하며, 그로 인해 자기 확신과 자기 의가 강한 특성을 가지고 있습니다. 사실 이들은 세상적으로는 매우 훌륭하고 본받을만한 사람들입니다. 그러나 신앙생활을 그러한 성향으로 하려할 때 율법적이 될 수 있는 약점이 되기도 합니다.

　사실 아무나 율법적인 종교생활을 할 수 없습니다. 그럴만한 탁월한 능력과 자격이 있는 사람만 율법주의 종교생활을 할 수 있습니다. 다른 사람보다 더 강한 집념과 성실을 바탕으로 부단한 노력과 헌신이 요구되기 때문입니다. 이러한 그들의 성실과 헌신이 고스란히 자기 의가 되어 자기 안에 쌓입니다. 그래서 그들은 자신의 허물, 약점, 죄를 인정하기가 어렵고, 공동체 안에서도 자신의 죄와 연약함을 나누거나 말하지 않습니다. 다만 자기가 잘 하는 것을 자랑하는 말만 할 뿐입니다.

　항상 완벽한 모습을 지키려 하기에 자신이 죄인인 것을 인정할 틈이 없습니다. 사람에게 자기 허점을 보이지 않기 위해 늘 긴장된 삶을 삽니다. 성경은 로마서 3장 10절에서 "의인은 없나니 하나도 없으며"라고 말합니다. 그런데 그들이 사람 앞에 허점을 보이지 않는 것은 그만큼 철저히 자신을 감추고, 포장하고, 외식하기 때문입니다. 그런 것은 결국은 하나님 앞에 다 드러나게 됩니다.

　이런 율법주의자들에 비해 연약하고, 가진 것도 없고, 잘 할 수 있는 능력도 없는 사람은 감히 그런 높은 율법에 도전할 엄두를 내지 못합니다. 실제 이런 사람들은 율법주의자들이 하는 그 열심과 성실을 따라갈 수도 없습니다. 율법주의자들로 인해 위축되고, 자신감을 잃은 채 패배감을 느끼기도 합니다. 하지만 이런 사람일수록 자신의 연약함과 죄인 된 모습을 쉽게 인정할 수 있습니다. 자기가 의지할 성실과 능력이 없기에 자기가 의지할 수 있는 사람을 찾아 가는 것보다 예수님께 나가는 것이 쉽습니다. 이것이 하나님의 은혜가 약한 자에게 먼저 주어지는 이유입니다.

고린도후서 12:9
나에게 이르시기를 내 은혜가 네게 족하도다 이는 내 능력이 약한 데서 온전하여짐이라 하신지라 그러므로 도리어 크게 기뻐함으로 나의 여러 약한 것들에 대하여 자랑하리니 이는 그리스도의 능력이 내게 머물게 하려 함이라

바울은 어느 누구도 따라 갈 수 없는 열심과 성실로 하나님의 율법에 흠이 없을 정도로 높은 수준을 지키던 바리새인이었습니다. 그런 바울은 하나님의 은혜가 무엇인지 알 수 없었습니다. 그래서 율법의 종이 되어 죄인 중에 괴수와 같은 삶을 살 수밖에 없었습니다. 그는 늘 자신의 강한 능력을 의지하며 살았기 때문입니다. 이렇게 자기의 성실과 능력이 강한 사람은 주님의 은혜에 약합니다. 율법적인 틀이 강한 사람은 하나님의 은혜를 받아들이는 것을 어렵게 생각합니다. 하나님의 은혜는 율법적인 자기 성실과 노력으로 얻는 것이 아니고, 예수 그리스도를 통해 주어지기 때문입니다. 그렇게 율법적으로 자기 의가 강하던 바울이 깨달은 것은 주님의 은혜는 약한 데서 주어

진다는 것입니다.

율법적인 자기 틀이 강한 사람은 주님의 은혜도 자신의 노력과 행위로 얻으려 합니다. 하나님의 은혜를 받기 위해 자기 열심으로 노력한 사람은 은혜가 없는 반면 아무 것도 한 것이 없는 연약한 자에게 오히려 값없는 은혜가 주어지기도 합니다. 율법주의자들은 그런 하나님을 부당하게 여기며 도저히 이해하지 못합니다. 하나님을 불공평한 분으로 오해를 하고 섭섭한 마음을 품습니다. 하나님을 의지하기보다 자신을 의지하는 사람은 하나님의 은혜가 무엇인지 모르기 때문입니다.

율법의 한계

율법 자체는 하나님이 주신 거룩하고 선한 것입니다. 율법을 다 지키면 의에 이르고, 하나님의 모든 복이 주어진다고 약속했습니다. 하지만 문제는 그것이 우리에게는 '그림의 떡'과 같습니다. 이 세상에 율법을 다 지킬 수 있는 사람은 아무도 없기 때문입니다. 도리어 그 율법이 우리를 힘들게 하는 역할을 합니다.

죽게 함

우리에게 복을 주는 율법의 실제적인 한계는 결국 우리를 죽게 하는 것입니다. 율법을 지키려고 최선을 다해 노력한 결과는 그 율법으로 인해 죽는 것입니다. 율법을 온전히 지키면 의롭게 되어 생명을 얻지만, 그 모든 율법 중에 한 가지라도 못 지키면 그로 인해서 죽기 때문입니다. 율법에 지켜야 할 것이 100가지가 있다고 할 때 최선을 다해 99가지를 지켰을지라도 한 가지를 못 지키면 그 한 가지로 인해 죄인이 됩니다. 율법의 99가지를 못 지킨 죄인이나, 한 가지를 못 지킨 사람이나 하나님 앞에는 똑같이 죄인입니다. 그렇기에 율법으로 살고자 하는 사람은 그 율법으로 인해 다 죽을 수밖에 없습니다. 그 죄의 삯은 사망이기 때문입니다.

율법은 '하라'와 '하지 말라', 이 두 가지 내용으로 되어있습니다. 율법에서 죄는 하나님이 하라는 것을 하지 않거나, 하지 말라는 것을 하는 것입니다. 이 율법은 사람 안에 있는 죄를 드러내는 역할을 합니다. 우리 안에 있는 죄는 율법이 하지 말라는 것은 더 하려고 하고, 하라고 하는 것은 하지 않으려는 속성이 있습니다.

예를 들어 어떤 상자에 "절대 열어보지 마세요"라는 문구를 붙여놓았을 때 그것을 보는 사람들 마음에 그에 대한 반응이 나타납니다. 그 상자 자체는 사람들의 특별한 관심을 끌만한 것이 없는 평범한 상자입니다. 그럼에도 그 문구를 보는 순간 상자를 열어보고 싶은 마음이 생깁니다. 왜 열어보면 안 되는지, 그 속에 뭐가 들어있는지에 대한 궁금증이 생기게 합니다. 그러나 사람들이 보는 데서는 다른 사람의 눈을 두려워하여 절제하여 열어보지 않습니다. 들켜서 처벌받을 것을 두려워하기 때문입니다. 그러나 사람들이 없는 상황이 될 때 그 상자를 열어보고자 하는 강한 욕구를 이기지 못하고 결국 열어보게 됩니다. 이렇듯 열어볼 이유가 없는 평범한 그 상자에 붙은 열지 말라는 그 문자가 그것을 열어보고 싶은 사람의 속마음을 드러내는 역할을 합니다. 열지 말라는 그 문자가 없을 때는 열어볼 마음이 전혀 없었는데도 열지 말라는 그 규정이 정해짐으로 우리 안에 있던 불순종의 죄가 살아납니다. 하지 말라는 것을 더 하고 싶어 하는 죄성이 드러나는 것입니다.

로마서 7:8
그러나 죄가 기회를 타서 계명으로 말미암아 내 속에서 온갖 탐심을 이루었나니 이는 율법이 없으면 죄가 죽은 것임이라
로마서 7:9
전에 율법이 깨닫지 못했을 때에는 내가 살았더니 계명이 이르매 죄는 살아나고 나는 죽었도다

사람 안에는 본래 죄가 내재되어 있습니다. 하지만 계명이 없을 때에는 죄를 지을 동기를 찾지 못합니다. 그런데 계명이 주어지면 그 계명을 타고 우리 안에 탐심이 일어납니다. 율법이 없으면 죄는 죽은 상태에 있었는데 율법으로 말미암아 죄가 살아납니다. "열어보지 마시오"라는 규정이 없을 때는 그 상자로 인해 죄 지을 일도 없습니다. 열

어보고 싶은 탐심이 생기지 않기 때문입니다. 그런데 "열어보지 마시오"라는 규정 때문에 온갖 탐심이 일어납니다. 그리고 그 죄가 우리를 죽게 합니다.

율법을 모를 때 우리는 다 자신을 의인으로 생각할 수 있습니다. 그런데 율법을 알면 알수록 우리 안에 죄가 살아납니다. 그래서 사도 바울은 계명이 이르매 죄는 살아나고 자기는 죽었다라고 말합니다. 죄인 안에는 하나님이 하라는 것은 하기 싫어하고, 하지 말라는 것은 더 하고 싶어 하는 죄성이 있습니다. 우리 옛 말처럼 마당을 쓸려고 빗자루를 든 사람에게 마당을 쓸라고 말하면 쓸고 싶지 않은 죄성이 나타납니다. 그러기에 율법으로 신앙하는 사람은 스스로 최선을 다하면 할수록 자기 속에 올라오는 죄의 속성으로 인해 고통만 늘어갑니다. 그들의 결국은 둘 중 한 가지 길로 가게 됩니다. 하나는 끝까지 율법을 지키려 고수하는 금욕적인 율법주의가 되든지, 아니면 사람 앞에 외식하는 형식적인 율법주의가 되는 것입니다. 하지만 어떤 율법주의든 그 종말은 자기 죄로 인한 죽음뿐입니다.

저주 아래 있게 함

율법은 우리를 저주 아래 있게 합니다. 율법이 요구하는 모든 것을 행하지 않으면 저주가 주어지기 때문입니다.

갈라디아서 3:10

무릇 율법 행위에 속한 자들은 저주 아래에 있나니 기록된 바 누구든지 율법 책에 기록된 대로 모든 일을 항상 행하지 아니하는 자는 저주 아래에 있는 자라 하였음이라

우리가 율법으로 의롭게 되고자 애쓰는 순간 율법의 저주 아래에 있게 됩니다. 온전한 율법을 이루려면 율법에 기록된 대로 모든 것을 다 지켜야 합니다. 그런데 율법이 말하는 모든 것을 행할 수 있는 사람은 아무도 없습니다. 그래서 율법을 지키려하는 사람은 저주 아래 놓이게 됩니다. '저주'라는 말은 세상에서 가장 무섭고 악한 말입니다. 저주는 선하고 좋은 것이 다 막힌 채 모든 것이 악하게 되는 것입니다.

신명기 28:15

네가 만일 네 하나님 여호와의 말씀을 순종하지 아니하여 내가 오늘 네게 명령하는 그의 모든 명령과 규례를 지켜 행하지 아니하면 이 모든 저주가 네게 임하며 네게 이를 것이니

이런 저주에 대해 신명기 28장 15절 이하에 자세히 기록되어 있습니다. 율법을 지키지 못하는 사람에게 주어지는 수많은 저주를 말하고 있습니다. 한 마디로 우리 인생에 총체적인 재앙이 임한다고 했

습니다. 어디서 무엇을 하든지 하는 일마다 막히고, 이유 없이 재앙이 주어집니다. 안 될 수가 없는 일도 안 되고, 될 일도 안 되는 기가 막힌 일들이 일어납니다. 교회를 충성스럽게 섬기고 신앙생활에 최선을 다했는데도 불구하고 그 인생이 풀리지 않고 묶이고 막힙니다. 예수 그리스도 안에서 믿음으로 하지 않는 종교 생활 그 자체가 저주입니다.

조건적임

율법은 우리를 조건적으로 대합니다. 율법이 말하는 조건에 대한 반응에 따라 축복과 저주가 주어집니다. 율법에서 축복이 주어지는 약속에는 모든 계명을 다 지킨다는 조건이 전제되어 있습니다. 그것은 사실 복 받을 기대조차 할 수 없는 높은 수준의 조건입니다. 율법에는 결코 거저 주는 것이 없습니다.

신명기 28:1

네가 네 하나님 여호와의 말씀을 삼가 듣고 내가 네게 명령하는 그의 모든 명령을 지켜 행하면 네 하나님 여호와께서 너를 세계 모든 민족 위에 뛰어나게 하실 것이라

신명기 28:2

네가 네 하나님 여호와의 말씀을 청종하면 이 모든 복이 네게 임하며 네게 이르리니

이 조건을 충족할 때 3절 이후에 나오는 온갖 복이 쏟아집니다. 그러나 그 복은 우리와 상관없는 '그림의 떡'일 뿐입니다. 율법을 지켜서 복을 받고자 한다면 그 꿈에서 깨어나야 합니다. 율법에는 공짜가 없습니다. 하나님 앞에 자격 없이 공짜로 받는 것을 은혜라고 합니다. 하지만 율법에는 그런 은혜가 없습니다. 복 받기 위해서는 복 받을 공로와 자격을 갖추어야만 합니다. 율법이 요구하는 자격을 갖추지 못한 사람은 복을 받지 못할 뿐 아니라 끔찍한 저주가 주어질 뿐입니다.

신명기 28:15

네가 만일 네 하나님 여호와의 말씀을 순종하지 아니하여 내가 오늘 네게 명령하는 그의 모든 명령과 규례를 지켜 행하지 아니하면 이 모든 저주가 네게 임하며 네게 이를 것이니

15절 이후로는 읽고 싶지 않을 만큼 끔찍한 저주들이 나열됩니다. 하나님의 말씀이 아무리 선하고 거룩하다 할지라도, 우리가 그것을 순종할 수 없으면 복 대신 저주가 임합니다. 이것이 율법주의 신앙의 한계입니다. 나름대로 최선을 다하지만 복 대신 저주가 주어집니다. 우리가 열심히 하지 않아서 저주를 받는 것이 아닙니다. 사람들은 자기에게 주어지는 저주가 단지 자신이 좀 더 열심히 하지 않고 부족하고 게을러서 그렇다고 생각합니다. 그래서 이제부터 좀 더 열심히 하면 이 저주가 없어질 것이라고 생각합니다.

그러나 율법 아래 있으면 아무리 열심히 최선을 다해도 저주가 임합니다. 율법적인 신앙으로 복을 받는 것은 하늘에 있는 별을 따는 것보다 더 어렵습니다. 율법적 신앙으로 복 받기는 불가능하다는 것을 빨리 깨달아야 합니다. 그 율법주의를 포기하고 예수님께로 나와야 합니다. 예수님의 은혜는 내 노력과 열심이나 자격으로 얻는 것이 아니라 우리에게 거저 주시는 하나님의 무조건적인 선물입니다.

율법의 유효 기한

모든 상품에 유효 기한이 있듯이 우리를 괴롭게 하여 죽이는 율법에도 유효 기한이 있습니다. 모세가 받은 율법의 활동 기한은 세례 요한의 때까지 입니다.

마태복음 11:13
모든 선지자와 율법이 예언한 것은 요한까지니

요한까지란 말은 모든 율법이 예수 그리스도가 오시면 끝난다는 의미입니다. 초등 교사로 우리를 예수께로 인도하는 율법의 역할은 예수님이 오시면 끝납니다. 그 이후로는 율법 시대가 아닌, 예수 그리스도의 은혜의 시대로 넘어갑니다. 우리는 지금 예수 그리스도 안에 있는 은혜의 시대에 살고 있습니다. 은혜의 시대에 사는 그 자체가 은혜이며 축복입니다.

누가복음 16:16

율법과 선지자는 요한의 때까지요 그 후부터는 하나님 나라의 복음이 전파되어 사람마다 그리로 침입하느니라

율법 시대 이후로 우리는 예수 그리스도의 복음을 믿음으로 의롭게 됩니다. 율법을 지나 은혜 시대에 사는 우리는 율법을 행함으로 구원 받으려는 율법적인 신앙에서 오직 예수 그리스도를 믿음으로만 구원 받는 신앙으로 나가야 합니다.

이러한 하나님의 구속 사역을 모른 채 여전히 구약의 율법과 전통을 쫓아가는 것은 십자가를 원수로 행하는 것입니다. 그들은 예수 그리스도의 십자가를 멸시하고, 십자가 중심으로 신앙생활을 하는 사람을 조롱하며 핍박하는 일을 합니다. 오늘날 교회 안에서 일어나는 갈등은 이러한 율법주의자들과 십자가 중심으로 신앙하는 사람과의 영적인 충돌에서 비롯됩니다.

이제 우리 자신의 신앙이 어디에 속해 있는지 생각해 볼 필요가 있습니다. 자신이 의지하는 것이 자기 노력으로 하는 율법적인 의에 있는지 아니면 자신이 한 것은 없지만 오직 예수 그리스도의 십자가만을 믿는 믿음 안에 있는지를 점검해 보아야 합니다. 율법주의자들은 예수 그리스도의 은혜를 모르기 때문에 자기 노력 없이 오직 예수 그리스도의 십자가의 은혜만 의지하는 신앙을 조롱하고 핍박합니다.

갈라디아서 4:29

그러나 그 때에 육체를 따라 난 자가 성령을 따라난 자를 박해한 것 같이 이제
도 그러하도다

갈라디아서 4:30

그러나 성경이 무엇을 말하느냐 여종과 그 아들을 내쫓으라 여종의 아들이 자
유 있는 여자의 아들과 더불어 유업을 얻지 못하리라 하였느니라

율법으로는 하나님 나라의 유업을 얻을 수 없습니다. 우리 신앙 속
에 남아 있는 율법적인 것을 내쫓아야 하나님의 유업을 얻을 수 있습
니다. 종교인들은 이미 율법시대가 끝났는데도 그것을 모른 채 계속
율법에 종노릇하고 있습니다. 자기 안에 형성된 종교적인 틀을 깨뜨
려야 합니다.

육체를 따라 난 자는 육체의 할례를 강조하는 율법주의자들입니
다. 그가 성령을 따라 예수 그리스도의 십자가로 신앙하는 사람을 박
해하는 일을 합니다. 이에 대한 해결책은 그 여종의 아들을 내쫓는
것입니다. 갈라디아서 4장 21절 이하에 의하면 여종은 하갈이며 하갈
은 시내산을 뜻합니다. 그러므로 하갈의 아들이란 시내산의 아들인
율법입니다. 성경은 여종과 그 아들을 내쫓으라고 말합니다. 교회 안
에 성령을 따라 난 자를 박해하는 율법주의자들을 내쫓아야 합니다.
그들이 교회의 주인 노릇을 하면 하나님 나라의 유업을 받을 자들이
조롱당하고 고통당하게 됩니다. 율법주의로는 결코 하나님의 유업을

얻을 수 없습니다.

우리 신앙 속에 뿌리 내리고 있는 율법의 잔재가 무엇인지를 찾아내서 쫓아내어야 합니다. 율법주의는 양의 가죽을 쓴 이리처럼 거룩한 종교의 모습으로 위장하고 교회 안에서 주인 노릇 하려고 합니다. 이런 율법주의의 잔재를 제거해야 예수 그리스도의 십자가 중심의 믿음이 교회의 주인 역할을 할 수 있습니다. 우리 안에 있는 율법주의적인 것을 쫓아내는 것은 종교적인 자존심 차원의 문제가 아닙니다. 지금까지 공들여 이루어놓은 자기의 종교적인 노력과 공적이 하루아침에 헛수고가 되는 것에 대한 아픔을 감당해야 합니다. 자신의 모든 헛된 기득권과 자존심을 내려놓아야 합니다. 자신의 초라한 의를 인정하고 니고데모와 같이 겸손한 자세로 주님 앞에 나가는 것이 사는 길입니다.

새로운 것이 오게 되면 썩어질 옛 것은 썩어지고, 태워 없어져야 할 것은 태워져야 합니다. 하나님께서 우리의 터를 진동하실 때 진동될 것들은 빨리 진동되어 무너지는 것이 낫습니다. 옛 것이 다 허물어지고, 이제는 새 언약 가운데 새로운 신앙을 해야 합니다. 종교인들은 율법 시대가 끝나고 율법의 유효 기간이 이미 만료되었는데도, 묵은 율법에 종노릇하고 있습니다. 자기 안에 오랫동안 형성된 묵은 종교적인 틀을 알고 인정하는 것은 쉽지 않습니다. 오직 하나님께서 말씀을 통해 성령으로 깨닫게 해주실 때 자신의 영적인 눈이 열리게 됩니다. 세례 요한이 온 이후 율법은 이미 자기의 모든 임무가 끝났다고 선언하며 그 이후의 사역을 예수 그리스도께 넘겼습니다. 이제 초등 교사의 역할을 해온 율법의 임무는 끝났습니다.

이제부터 예수 그리스도 안에서 새로운 신앙을 출발해야 합니다. 옛 언약이 폐해졌으므로 이제는 새 언약 안에서 새로운 삶을 살아야 합니다. 진정으로 하나님의 율법을 잘 지키기 원한다면 율법이 인도하는 예수 그리스도께로 가야 합니다. 그것이 율법을 온전히 이루는 유일한 방법입니다. 예수 그리스도를 믿는 것 외에 그 어떤 것으로도 구원 받을 수 없습니다. 예수를 믿는 것이 우리가 할 수 있는 가장 큰 의입니다. 내 힘과 노력만으로는 하나님의 의에 이를 수 없습니다. 지금까지 자기 노력으로 신앙하려고 최선을 다했다면 이제 그 모든 것을 내려놓아야 합니다. 그것은 헛고생이며 헛수고 하는 것입니다. 지금까지 3,500년 동안 그렇게 노력해서 율법으로 구원 받은 사람은 아무도 없었습니다.

이제 하나님이 원하시는 신앙이 무엇이며 하나님의 의에 이르는 길이 무엇인지 깨달아야 합니다. 그것은 어려운 것이 아닙니다. 율법으로 의롭게 되고자 하는 사람에게 그 길이야 말로 너무 어렵고 고통스러운 길입니다. 하지만 예수님을 통해 얻는 의의 길은 매우 쉽고 가볍습니다. 예수 그리스도를 믿을 때 진리 안에서 율법의 무거운 멍에를 벗고 하나님이 주시는 자유함을 얻게 될 것입니다.

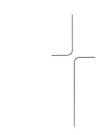

진정으로 하나님의 율법을 잘 지
키기 원한다면 율법이 인도하는 예
수 그리스도께로 가야 합니다. 그것
이 율법을 온전히 이루는 유일한 방
법입니다.

나누어 보기

1. 하나님께서 우리에게 율법을 주신 이유가 무엇인지를 나누어 보세요.

2. 하나님께서 어떤 사람을 위해 율법을 주셨나요?

3. 율법이 하는 역할이 무엇인가요?

4. 율법적인 신앙을 하는 사람의 실제가 어떠한가요?

5. 율법의 한계가 무엇이며 언제까지 유효한가요?

6. 자신 안에 율법적인 요소가 있다면 어떤 것인지 나누어 보세요.

요한복음 19:30

³⁰ 예수께서 신 포도주를 받으신 후에 이르시되 다 이루었다 하시고 머리를 숙이
니 영혼이 떠나가시니라

2 chapter

율법을 다 이루신 예수 그리스도

우리가 신앙생활을 하면서 힘들고 어려워질 때면 영적 리더로부터 신앙생활을 더 열심히 잘 해 보라는 권면이나 격려를 받을 때가 있습니다. 그때 대부분 사람들은 자신이 더 열심히 해야 되겠다고 생각합니다. 성경도 더 많이 읽고, 새벽 기도도 더 열심히 하고, 봉사도 더 많이 하라는 부담되는 말로 받아들입니다. 목회를 하는 사역자들도 목회가 어렵고 사역이 잘 안 되면 자신이 부족하고 열심히 하지 않아서 그렇다고 생각합니다. 더 많이 전도하고, 더 열심히 심방하고, 그래도 안 되면 부족한 학위를 위해 공부를 더 하여 좋은 스펙을 갖추려고 합니다. 많은 세미나를 통해 목회 방법을 배우고 어떤 학위로 신학 지식을 갖추면 사역이 더 잘 될 것이라 생각하기 때문입니다.

이런 것들이 나쁜 것은 아니지만 자기 능력과 열심만 있으면 얼마든지 신앙을 잘 할 수 있다는 생각은 율법주의로 들어가는 길입니다.

예수 그리스도를 의지하기보다 자신의 열심과 능력을 의지하기 때문입니다. 자기 힘과 자격으로 하나님의 의에 이르려고 하는 율법주의의 결국은 실패로 끝납니다. 예수님은 이런 율법의 저주 아래 시달리는 우리를 자유케 하기 위해 오셨습니다. 즉 율법이 죄인으로 정죄한 그런 사람을 구원하기 위해 오신 것입니다.

마가복음 2:17

예수께서 들으시고 그들에게 이르시되 건강한 자에게는 의사가 쓸 데 없고 병든 자에게라야 쓸 데 있느니라 나는 의인을 부르러 온 것이 아니요 죄인을 부르러 왔노라 하시니라

예수님은 자격 있고 능력 있는 의인이 아닌 자격 없는 죄인을 부르러 이 땅에 오셨습니다. 건강한 자에게는 의사가 필요 없고 병든 자에게라야 쓸 데 있기 때문입니다. 자기가 건강하다고 믿는 사람은 의사가 필요하지 않다고 생각하기에 의사를 찾지 않습니다. 반면 병든 자는 자신의 힘으로는 병을 고칠 수 없다는 것을 인정하기에 의사를 절실히 필요로 합니다. 그는 자기가 병든 자라는 것을 알고 인정하기 때문입니다.

만약 이 땅에 의인만 있다면, 예수님은 오실 필요가 없습니다. 그러나 이 세상은 예수님을 필요로 하는 영적 병자들인 죄인들로 가

득합니다. 단지 그들 자신이 병든 자라는 사실을 모르는 것이 문제입니다.

마치 자기 안에 심각한 불치병이 있으면서도 그것을 전혀 모른 채 스스로 건강하다고 생각하는 사람과 같습니다. 그런 사람은 병원에 가서 건강 검진을 통해서라도 자기 병의 실제를 알 필요가 있습니다. 그런 확실한 증거가 있어야 자신이 죽을 수밖에 없는 심각한 상태라는 것을 인정할 수 있기 때문입니다. 그때서야 자기 생명을 구하기 위해 절박한 심정으로 의사에게 매달리게 됩니다. 자기 힘으로 할 수 있는 것이 아무 것도 없기 때문입니다.

이런 문제는 교회 안에 있는 사람들도 마찬가지입니다. 교회 안에도 예수님을 필요로 하지 않으면서 신앙하는 사람이 있습니다. 그들은 예수님 없이도 자기 열심으로 교회를 다닙니다. 자기 노력과 힘으로 교회를 섬기는 일 자체로 만족하면서 신앙생활을 합니다. 아직 자기 문제가 무엇인지 알지 못하는 사람입니다.

이와 같이 예수님 없이 교회를 다니는 것은 아직 심각한 자기 죄 문제를 모르기 때문입니다. 그런 사람은 성령을 통해 자기 죄가 얼마나 심각한지를 깨닫게 될 때라야 예수님께 나오게 됩니다.

자기 스스로 죄가 없는 것처럼 의롭게 여기는 사람들은 자기는 율법을 지킬 수 있다고 생각합니다. 그래서 예수님 없이도 얼마든지 신앙생활을 잘 할 수 있다고 여깁니다. 그들은 하나님의 의의 기준을 모르기 때문에 자기 기준으로 스스로 의롭다고 생각합니다. 그래서 자신이 의를 행한 만큼 그 대가로 하나님의 복을 받으려 합니다. 또한 자기처럼 열심히 하지 못하는 사람을 판단하고 정죄합니다. 이런 사람들은 예수님이 베푸신 은혜를 외면한 채 초라한 자기 의를 쌓느라 피곤한 삶을 삽니다.

그런 사람은 자기 노력 없이 그냥 받는 하나님의 은혜를 가치 있게 여기지 않습니다. 자기가 노력한 정당한 대가로 얻는 것만 가치있게 여깁니다. 그래서 하나님의 구원도 정당한 자기 노력의 대가를 지불하는 방법으로 얻고자 합니다. 이런 율법주의자들의 구원 방법은 결국 하나님이 하시는 방법과 다르다는 것이 문제입니다.

로마서 4:4

일하는 자에게는 그 삯이 은혜로 여겨지지 아니하고 보수로 여겨지거니와

로마서 4:5

일을 아니할지라도 경건하지 아니한 자를 의롭다 하시는 이를 믿는 자에게는 그의 믿음을 의로 여기시나니

율법주의자들은 구원을 자기의 경건한 삶의 대가로 얻기를 원합니다. 이렇게 자기가 노력한 일에 대한 정당한 대가로 살고자 하는 사람은 하나님의 은혜의 개념을 이해하기 어렵습니다. 하나님으로부터 받을 자격이 없는 사람들이 받는 은혜를 정당하지 않은 부당한 것이

라고 생각합니다. 그래서 그런 사람은 하나님의 은혜는 없으면서 자기 의만 주장하게 됩니다. 이런 사람들은 옳고 그름을 따지며 자기 의를 행하고자 하는 열정과 그로 인한 정의감이 강합니다. 자기 의를 기준으로 다른 사람을 판단하고 자기 의를 주장하는 말을 잘 합니다. 이것이 주님의 은혜로 살지 않고 율법으로 사는 사람의 특징입니다.

자기 자신도 기쁨이나 은혜가 없이 살뿐 아니라 다른 사람을 판단함으로 힘들게 합니다. 그런데도 그들은 자신이 예수님을 잘 안다고 생각합니다. 그들이 스스로 예수를 안다고 믿는 것이지 실제로 예수님을 인격적으로 만난 것이 아닙니다. 성경 속에 예수님을 지식으로만 알면 신앙은 결국 종교생활로 빠지게 됩니다. 예수 그리스도를 만나는 것 없이 율법으로 자기 의를 쌓는 것이 종교생활이기 때문입니다.

우리가 믿는 기독교 신앙의 기초는 오직 예수 그리스도와 십자가뿐입니다. 그래서 우리는 예수 그리스도와 그의 십자가를 아는 것을 힘써야 합니다. 예수 그리스도만이 우리가 필요로 하는 은혜와 진리가 충만하신 분이기 때문입니다.

예수님이 오신 목적
예수님은 우리가 평생 노력해도 해결할 수 없는 율법의 문제를 해결해 주시기 위해 오셨습니다. 이것이 예수 그리스도로부터 주어지는 은혜 위에 은혜입니다.

율법을 마치심

예수님은 율법의 마침이 되기 위해 오셨습니다. 예수님이 오셔서 율법의 활동 기한이 끝남으로 율법시대는 막을 내렸습니다.

로마서 10:4
그리스도는 모든 믿는 자에게 의를 이루기 위하여 율법의 마침이 되시니라

예수님은 우리 힘으로는 도저히 해결할 수 없는 모든 율법 문제에 종지부를 찍으셨습니다. 예수님이 오심으로 우리는 더 이상 율법의 행위가 아니라, 예수 그리스도를 믿음으로 구원에 이르는 의를 얻게 되었습니다.

로마서 3:28
그러므로 사람이 의롭다 하심을 얻는 것은 율법의 행위에 있지 않고 믿음으로 되는 줄 우리가 인정하노라

전도를 하다 보면 자기는 죄가 많아서, 나중에 죄를 끊고나서 교회에 가겠다고 말하는 사람을 만나게 됩니다. 이것이 바로 율법주의적

인 생각입니다. 자기 힘으로 의를 이루어 예수님께 나갈 자격을 얻고 자 합니다. 다른 종교에서는 그렇게 가르치기 때문입니다. 자기가 열심히 고행을 하며 수련해서 의인이 되고자 합니다. 그런 종교적인 패러다임이 교회 안에도 들어와 있습니다.

하지만 성경은 자기 행위보다 믿음을 강조합니다. 율법의 행위로는 아무도 의에 이를 수 없습니다. 신앙을 열심히 한다고 그 행위로 의로워지는 것은 아닙니다. 오히려 그것이 자기 의가 되어 예수님을 만나는 것을 막고 심지어 구원의 확신조차 없는 신앙을 하게 합니다.

교회를 다니면서도 예수님을 인격적으로 만나지 못한 채 10년, 20년 동안 종교적인 행위로만 신앙하는 원인은 믿음이 아닌 율법의 의로 살려하기 때문입니다. 예수님을 감옥에 까지, 죽는데 까지 따르겠다고 장담했던 베드로의 열심이 우리 안에도 있습니다. 열심히 노력하면 자기 힘으로 끝까지 주님을 따를 수 있다고 생각합니다.

예수님은 베드로에게 자기 힘과 열정만으로는 예수님을 따를 수 없다는 것을 깨닫게 해주시고자 했습니다. 그래서 자신을 장담하는 베드로에게 그가 닭이 울기 전 주님을 3번이나 부인하게 될 것을 미리 말씀하셨습니다. 물론 베드로는 자신은 절대 그럴 리 없다고 장담했지만 결국 예수님의 말씀대로 자신의 연약함을 드러내게 되었습니다. 베드로는 이 사건을 통해 자기 열심과 충성만으로 예수님을 따를 수 없다는 것을 뼈저리게 깨달았을 것입니다. 이것 자체가 그에게는 큰 은혜입니다. 그전까지는 자기가 하려고 하면 다 할 수 있을 줄로 생각했습니다. 자기가 연약한 죄인임을 빨리 깨닫고 인정해야 주님을 온전히 따를 수 있습니다. 이것이 신앙을 하고자 하는 모든 사람에게 주시는 주님의 메시지입니다. 주님은 우리가 자기 힘으로는 끝가지 주님을 따를 수 없다는 것을 깨닫기 원하십니다. 그래서 자기 열심을 내려놓고 주님의 은혜로 신앙하기 원하십니다.

제자들은 예수님을 따르기 위해 자기 가족과 배와 그물까지 버리는 헌신과 열정이 있었습니다. 예수님도 이러한 헌신과 열정을 다 알고 계십니다. 그러나 예수님은 제자들이 그런 것만으로 예수님을 따를 수 없다는 것도 알기 원하십니다.

예수님은 십자가를 지시기 전 제자들 중에 신실한 베드로, 요한, 야고보 이 세 제자를 데리고 겟세마네 동산에 기도하러 가셨습니다. 그 제자들에게 시험에 들지 않기 위해 깨어 기도하라고 당부하시고 예수님은 기도하러 올라가셨습니다. 예수님께서는 조금 떨어진 곳에서 기도하시다가 세 제자를 보러 내려오셨는데 그때 그들은 모두 자고 있었습니다.

예수님이 처음부터 세 제자가 기도를 잘하리라고 기대하시지는 않았을 것입니다. 예수님은 그들이 기도하지 못할 것을 다 아시면서 그들 스스로 자신들의 연약함을 깨닫는 기회를 주시고자 하셨습니다. 제자들은 십자가를 앞둔 절박한 상황에서도 기도하지 못한 채 졸 수 밖에 없는 자신들의 연약함을 깨닫게 되었습니다. 예수님은 그런 제자들을 책망하지도 않으시고 "마음에는 원이로되 육신이 약하도다."라고 말씀하셨습니다. 예수님을 따르고자 하는 마음이 있어도 우리의 육신이 약함으로 자기 힘으로는 기도조차 할 수 없다는 것을 깨닫게 하셨습니다.

예수님은 자기의 힘과 노력으로 의를 이루고자 하는 율법적인 신앙, 종교적인 신앙에 종지부를 찍기 위해 오셨습니다. 그리고 이제 후로는 오직 예수 그리스도를 믿음으로 신앙하게 하는 것입니다. 우리 힘으로는 아무 것도 할 수 없다는 것을 빨리 깨달아야 예수님의 십자가를 의지할 수 있습니다. 믿음은 내가 한 노력의 결과가 아닌 예수님께서 십자가에서 행하신 것을 믿음으로 취하는 것입니다.

율법의 요구를 다 이루심

요한복음 19:30
예수께서 신 포도주를 받으신 후에 이르시되 다 이루었다 하시고 머리를 숙이니 영혼이 떠나가시니라

예수님은 십자가에서 마지막으로 "다 이루었다" 하시며 돌아가셨

습니다. 이는 예수님께서 율법이 우리에게 요구하는 모든 것을 다 이루셨다는 의미입니다. "다 이루었다"는 말의 뜻은 '모든 값을 다 치루었다'는 뜻입니다. 예수님께서 율법이 우리에게 요구하는 그 모든 값을 치루었다는 뜻입니다. 율법이 우리에게 요구하는 값은 죄 값입니다. 예수님이 십자가에서 흘리신 보혈은 무한한 능력이 있기 때문에 우리의 모든 죄 값을 치루실 수 있습니다. 예수님이 십자가에서 흘리신 피 한 방울은 우리가 평생 노력해도 할 수 없는 것들을 이루는 능력이 있습니다. 그래서 예수님의 피를 '보혈'이라고 부릅니다.

로마서 3:24
그리스도 예수 안에 있는 속량으로 말미암아 하나님의 은혜로 값 없이 의롭다 하심을 얻은 자 되었느니라

율법에 따라 하나님의 의를 얻기 위해서는 우리의 최선을 다해 열심히 노력해야 합니다. 하지만 아무리 노력해도 결국은 이룰 수 없는 한계를 만나게 됩니다. 그러나 예수님의 십자가를 통해 주어진 은혜는 우리가 노력하지도 않았는데 값없이 의롭다 하심을 얻게 합니다. '속량'이라는 단어는 노예를 값을 주고 산다는 뜻입니다. 예수님이 자신의 피 값으로 우리를 사셨고, 그로 인해 율법과 죄의 노예된 속박에서 우리를 풀어주셨습니다. 예수 그리스도 안에 있는 사람은 이미 죄의 속박에서 놓임을 받았습니다. 장차 의롭게 될 것이 아니라 이미

예수 그리스도를 믿을 때 의롭게 되었습니다. 성경은 우리가 이미 의롭다 하심을 얻은 자가 되었다고 말합니다.

하나님 앞에 의롭게 되기 위해 우리가 한 일은 아무 것도 없습니다. 그리고 앞으로도 의롭게 되기 위해 우리가 해야 할 일은 아무것도 없습니다. 우리가 할 일은 오직 예수님이 십자가에서 행하신 보혈의 능력을 믿고 의지하는 것뿐입니다. 이것이 예수 그리스도로부터 값없이 주어지는 은혜입니다.

예수님은 십자가에서 우리의 모든 필요를 다 해결해 놓으셨습니다. 우리의 영적인 필요와 육체적인 필요 그리고 우리의 실제적인 삶에 필요한 모든 것을 다 이루어 놓으셨습니다. 우리가 해야 할 일은 그저 그것을 믿는 것뿐입니다. 우리가 그것에 더하여 할 것은 아무 것도 없습니다. 예수님이 십자가에서 이루신 것을 믿음으로 받아들일 때 그것이 우리 것이 됩니다. 예수님이 십자가에서 우리를 위해 이루어 놓으신 모든 것을 믿는 그것이 신앙생활 자체입니다. 예수님의 십자가 보혈로 우리의 모든 죄가 이미 깨끗하게 된 것을 믿어야 합니다. 우리는 죄를 짓지 않아서가 아니라 예수님을 믿기 때문에 의롭게 된 것입니다. 율법이 요구하는 우리의 죄 값을 예수님이 십자가에서 모두 지불하셨습니다. 예수님께서 우리의 과거, 현재, 미래의 모든 죄를 다 용서하신 것을 믿을 때 그 율법의 속박에서 자유하게 됩니다.

율법은 죄인을 정죄합니다. 그러므로 죄가 없는 곳에는 더 이상 율법의 정죄도 없습니다. 예수 그리스도의 보혈로 죄사함을 받은 사람은 율법이 더 이상 그를 정죄할 수 없습니다. 예수님께서 율법이 요구하는 우리의 죄값을 지불하셨기 때문입니다. 우리는 예수님의 피로 이미 의롭게 되었습니다.

우리는 믿음으로 의롭게 된 이 십자가의 복음을 굳게 지켜야 합니다. 그렇지 않으면 갈라디아 교회처럼 믿음으로 시작한 우리의 신앙이 다시 율법으로 돌아가는 실수를 범하게 됩니다. 바울이 전하는 복음으로 예수를 믿은 갈라디아 교회에 율법주의자들이 들어왔습니다. 그들은 믿음으로만 의롭게 되는 것이 아니라 율법도 지켜야 한다고 가르쳤습니다. 이 거짓된 말에 넘어간 갈라디아 교인들은 다시 율법의 종이 되어 성령으로 시작한 믿음에서 율법으로 마치게 되는 상황에 놓였습니다. 우리 주변에서도 예수를 뜨겁게 만나 신앙을 시작했지만 5년 10년이 못 되어 율법주의적인 신앙으로 변질되는 경우가 있습니다.

우리가 알아야 할 것은 교회를 다니면서 많은 봉사를 하고, 성경을 많이 아는 그 지식으로 의롭게 되는 것이 아니라는 것입니다. 만약 자신이 자격이 있어서 의롭게 되었다고 생각하는 그 순간 율법에 갇혀 죄 아래 팔리게 될 것입니다. 그리고 자신이 의로운 행위를 하지 못할 때마다 즉시 마귀의 고소에 시달리게 됩니다.

마귀는 참소자로 밤낮 성도들을 정죄하며 고소합니다. 재판장이신 하나님 앞에 틈만 나면 우리의 연약함을 들춰내어 고소합니다. 마귀는 우리의 마음 속에 "너는 죄인이야, 그런 모습으로 어떻게 교회를 다닐 수 있겠어?, 이런 네가 교회에 거룩한 직분을 맡을 수 있겠어?, 네가 정말 하나님을 섬길 자격이 있니?" 이런 생각으로 우리를 고소합니다. 이런 고소와 정죄는 하나님으로부터 온 것이 아닙니다. 정죄감, 죄책감, 두려움으로 우리를 다시 율법에 옭아매려는 마귀의 거짓된 속삭임일 뿐입니다.

우리가 예수 그리스도를 믿음으로 의롭게 되었다는 것을 굳게 붙잡을 때, 마귀는 더 이상 이런 거짓된 생각을 통해 우리를 고소할 수 없습니다. 마귀의 참소가 있을 때마다 믿음으로 대적하고 물리쳐야 합니다. 우리에게는 의롭고 강한 변호인이 계십니다. 하나님 우편에서 우리를 위해 중보하시는 예수 그리스도와 성령님이십니다.

마귀가 우리의 죄를 드러내어 참소할 때 그 사실을 아니라고 부인할 수는 없습니다. 하지만 예수님은 그것이 사실이지만 십자가에서 이미 우리의 그 죄 값을 다 지불했음으로 의롭게 되었다고 변호해 주십니다.

사도 바울 역시 이런 율법의 정죄와 고소로 인한 고통을 겪었습니다. 그는 "오호라 나는 곤고한 사람이로다. 이 사망의 몸에서 누가 나를 건져내랴"고 탄식했습니다. 바울 또한 끈질긴 율법의 고소를 받았습니다. 결국 바울은 예수 그리스도 안에 있는 성령을 통해 율법의 정죄에서 해방된 것을 선포했습니다.

로마서 8:1

그러므로 이제 그리스도 예수 안에 있는 자에게는 결코 정죄함이 없나니

로마서 8:2

이는 그리스도 예수 안에 있는 생명의 성령의 법이 죄와 사망의 법에서 너를 해방하였음이라

로마서 8:3

율법이 육신으로 말미암아 연약하여 할 수 없는 그것을 하나님은 하시나니 곧 죄로 말미암아 자기 아들을 죄 있는 육신의 모양으로 보내어 육신의 죄를 정하사

로마서 8:4

육신을 따르지 않고 그 영을 따라 행하는 우리에게 율법의 요구가 이루어지게 하려 하심이니라

예수 그리스도 안에 있는 자에게는 결코 정죄함이 없다고 했습니다. 예수 그리스도 안에 있는 생명의 성령의 법이 죄와 사망의 법에서 우리를 해방했기 때문입니다. 율법이 육신으로 말미암아 연약해서

할 수 없는 그 요구를 예수님이 십자가에서 다 이루셨습니다. 율법이 우리가 하지 못하는 것으로 우리를 정죄합니다. 하지만 우리는 예수님께서 나 대신 다 이루어주셨다는 말을 선포하면서 그것을 대적해야 합니다.

믿음과 은혜로 신앙을 시작한 그리스도인들이 사단에게 속아 다시 율법에 매이는 것은 십자가의 예수님보다 자신의 죄와 허물에 시선을 고정하기 때문입니다. 자기의 부족한 모습만 보면 자책감, 정죄감이 들어오고 하나님 앞에 자신감이 없어집니다. 그러면 예수님께서 십자가에서 피 값으로 벗겨 주신 죄의 옷을 다시 걸쳐 입고 사단의 고소에 무릎을 꿇게 됩니다. 마귀의 고소 앞에 자신이 행한 교회 직분과 봉사와 성경 지식으로 항변하고자 하면 100% 패배합니다. 우리가 행한 의로는 마귀와 싸워 이길 수 없습니다. 하나님의 말씀을 믿음으로 선포하며 대적해야 합니다.

로마서 8:33
누가 능히 하나님께서 택하신 자들을 고발하리요 의롭다 하신 이는 하나님이시니

마귀의 고소 앞에 위축되어 피하지 말고 정면 승부를 해야 합니다. 우리를 고소하는 마귀를 향해 예수 그리스도의 이름으로 담대하게

대적하며 선포해야 합니다. "그래 이 마귀야! 너가 말하는 대로 나는 죄인이다! 하지만 예수님이 내 죄를 용서해 주셔서 나는 의롭게 되었다. 나는 더 이상 죄인이 아니라 의인이 되었다. 하나님께서 나를 의롭다고 하셨기 때문에 너는 더 이상 나를 정죄하고 고소할 수 없다! 내가 예수 이름으로 명령하노니, 이 거짓된 마귀야 내 생각과 감정에서 지금 당장 떠나가라!" 이렇게 믿음으로 선포할 때 마귀는 떠나갑니다.

야고보서 4:7
그런즉 너희는 하나님께 복종할지어다 마귀를 대적하라 그리하면 너희를 피하리라

우리는 더 이상 사람의 행위로 판단하는 율법 아래 있지 않고 예수 그리스도의 생명의 성령의 법 아래 있습니다. 물론 우리는 여전히 죄를 지을 수 있지만 하나님은 예수님을 믿는 믿음 안에서 이미 우리의 죄를 용서하시고 구원해 주셨습니다. 더 이상 자기 행위를 의지하지 않고 오직 예수님의 보혈만 의지해야 합니다. 어차피 연약한 우리 자신은 의지할 대상이 되지 못합니다. 오직 나를 위해 모든 일을 이루어 놓으신 예수 그리스도의 보혈만 믿는 믿음으로 사는 것이 우리가 할 수 있는 모든 것입니다.

십자가에서 이루신 것들

하나님은 우리가 예수님이 십자가에서 이루신 모든 것을 누리기를 원하십니다. 반면 마귀는 우리의 죄를 없애고, 영원한 생명을 주는 십자가를 증오합니다. 마귀는 할 수 있는 대로 우리가 십자가를 바라보지 못하도록 방해합니다. 그 방법 중 하나가 율법주의 신앙에 빠지게 하는 것입니다. 마귀는 우리가 십자가의 능력에 연결되는 것을 두려워합니다. 사단은 모든 전략과 방법을 동원해 십자가의 능력을 가리기에 힘쓰고 있습니다. 그래서 교회 안에서조차 십자가를 가볍게 여기며 전하지 못하는 안타까운 일이 일어납니다. 마귀가 교회에서 십자가 말씀을 전하는 것을 싫어하여 막기 때문입니다.

예수님은 십자가에서 율법이 우리를 죄 아래 가두어 놓았던 모든 것들을 풀어놓으셨습니다. 십자가에서 흘리신 그 예수님의 보혈이 우리를 죄의 사슬에서 해방시켰습니다. 예수님께서 십자가에 이루신 중요한 몇 가지를 보고자 합니다.

죄 사함

우리 인간의 모든 고통과 불행의 원인은 죄입니다. 죄로 인해 우리 인류에 모든 저주와 사망이 들어왔습니다. 죄인은 그 죄로 인해 저주를 받고 결국 그 죄 때문에 죽어야 합니다. 죄는 시간이 지난다고 없어지지 않습니다. 기억 속에서 희미해 질 뿐이지 결코 사라지지 않습니다. 죄는 오직 회개함으로 예수님께 용서 받아야만 없어집니다. 그런데 예수님이 십자가에서 우리의 모든 죄를 이미 용서해 주셨습니다. 예수님께서 말로만 죄를 용서하신 것이 아닙니다. 예수님은 우리의 죄를 용서해 주시기 위해 친히 몸으로 우리가 받아야 할 죄의 형벌을 대신 감당하셨습니다.

이사야 53:5
그가 찔림은 우리의 허물 때문이요 그가 상함은 우리의 죄악 때문이라 그가 징계를 받음으로 우리는 평화를 누리고 그가 채찍에 맞음으로 우리는 나음을 받았도다

이사야 53:6
우리는 다 양 같아서 그릇 행하여 각기 제 길로 갔거늘 여호와께서는 우리 모두의 죄악을 그에게 담당시키셨도다

하나님께서 예수님에게 우리의 모든 죄악을 담당시키셨습니다. 예수님은 그 죄의 대가로 자기 몸이 찔리셨습니다. 아무 죄가 없으심에도 우리 대신 징계를 받으시고 채찍에 맞으셨습니다. 예수님은 온 몸이 채찍에 맞으셔서 살점이 떨어져나가고 피를 흘리셨습니다. 예수님은 우리 죄 때문에 몸에 피를 흘리시며 십자가에 달려셔야 했습니다. 우리가 받아야 할 죄의 형벌은 이처럼 참혹한 것입니다. 예수님은 우리의 죄를 지시고, 온 몸에 피를 흘리심으로 우리의 죄를 친

히 용서해 주셨습니다. 우리는 예수님의 희생의 값 지불로 용서받은 것입니다.

이로 인해 우리가 비록 율법을 지키지 못한 채 실패하고, 죄를 짓고, 넘어져도 예수님은 우리를 정죄하지 않습니다. 그 죄로 인해 상급이 없어지는 일은 있어도 정죄하는 일은 없습니다. 이제 우리는 율법을 지키는 것과 상관없이 이미 의롭게 되었기 때문입니다. 그리고 비록 죄를 지었다 해도 그 죄를 자백함으로 깨끗함을 받습니다.

요한일서 1:9
만일 우리가 우리 죄를 자백하면 그는 미쁘시고 의로우사 우리 죄를 사하시며 우리를 모든 불의에서 깨끗하게 하실 것이요

요한복음 8장에 바리새인과 서기관들이 간음하다 현장에서 잡힌 한 여인을 예수님 앞에 끌고 왔습니다. 사람들은 모세의 율법대로 그 여자를 정죄하고, 돌로 쳐 죽이려 했습니다. 율법대로 하면 그 여인은 돌에 맞아 죽어야 했습니다. 그래서 어른에서 아이까지 모두 손에 돌을 들고 당장이라도 칠 기세였습니다.

바리새인들은 예수님도 그 여자를 돌로 치라고 말씀하시리라 생각했습니다. 그래서 미리 돌을 들고 그녀를 칠 준비를 하고 있었습니다. 은혜와 용서를 모르는 그들은 예수님의 명령이 떨어지기만을 기

대하고 있었습니다. 그때 예수님은 "너희 중에 죄 없는 자가 먼저 돌로 치라"고 전혀 예상치 못한 말씀을 하셨습니다. 이 말씀은 남의 죄만 보고 자신의 죄를 보지 못하는 그들의 양심을 돌아보게 했습니다. 그래서 그들은 양심에 가책을 느껴 다 되돌아갔습니다. 율법으로는 죄가 없는 사람이 없습니다. 율법은 우리 죄를 용서하기보다 정죄합니다.

사실 그 여자를 가장 정죄할 수 있는 자격을 가지신 분은 아무 죄가 없으신 예수님이셨습니다. 하지만 예수님은 "여자야 나도 너를 정죄하지 않는다"고 말씀하셨습니다. 예수님은 우리가 짓는 어떤 죄도 다 용서하시는 은혜를 베풀어주십니다. 예수님은 바로 그 여인과 같은 죄인을 위해 십자가에 돌아가셨습니다. 그런 예수님이 죄를 지었다고 죄인을 정죄하실 이유가 없습니다. 비록 실패하고 넘어지고, 해서는 안 될 일을 하는 죄인이라도 결코 정죄하지 않으십니다. 예수님은 우리가 그럴 것을 다 아시면서도 그런 죄인을 위해 십자가를 지신 분이기 때문입니다. 어떤 죄인이라도 결코 정죄하지 않는 것이 예수님 안에서 주어지는 충만한 은혜입니다.

저주에서 속량

예수님의 십자가 사역은 우리를 율법의 저주에서 속량했습니다. 율법은 모든 사람을 저주 아래 가둡니다. 율법을 지키지 못할 때마다 그에 상응하는 각종 저주가 주어집니다. 신명기 28장 15절 이하에 그 저주들이 상세히 기록되어 있습니다. 영적인 묶임, 재물에 내린 저주, 자녀에 내리는 저주, 사업에 저주, 건강에 저주, 가난의 저주, 사건 사고의 저주, 유산의 저주, 실패와 파산의 저주 등 수 십 가지의 저주가 있습니다. 우리가 율법 아래 있다면 이러한 저주를 피할 수 없습니다.

우리에게 기쁜 소식은 예수님께서 십자가 위에서 모든 율법의 저주를 끝내셨다는 것입니다. 예수 그리스도의 속량 안에 있는 자들에게는 더 이상 저주가 없습니다. 우리는 예수 그리스도 안에서 더 이상 저주와 상관없는 인생이 되었습니다. 예수님께서 십자가로 저주를 끊어버렸기 때문입니다. 갈라디아서는 다음과 같이 말합니다.

갈라디아서 3:13
그리스도께서 우리를 위하여 저주를 받은 바 되사 율법의 저주에서 우리를 속량하셨으니 기록된 바 나무에 달린 자마다 저주 아래에 있는 자라 하였음이라

갈라디아서 3:14
이는 그리스도 예수 안에서 아브라함의 복이 이방인에게 미치게 하고 또 우리로 하여금 믿음으로 말미암아 성령의 약속을 받게 하려 함이라

예수님께서 저주에서 우리를 속량하셨기 때문에 우리는 믿음으로 의롭게 되는 아브라함의 복을 받게 되었습니다. 아브라함의 복은 하나님을 믿음으로 받는 복입니다. 속량이란 노예를 값을 주고 자유

하게 한다는 의미입니다. 우리는 예수님의 보혈로 율법의 저주로부터 속량되었기에 저주에서 복이 주어지는 자가 되었습니다. 예수님은 우리가 아브라함의 복과 성령의 약속을 받게 하기 위해, 친히 그 몸으로 우리의 저주를 대신 받으셨습니다.

우리의 삶에 여전히 저주가 있다면 예수님의 보혈로 모든 저주가 속량되었다는 것을 믿음으로 선포해야 합니다. 예수님의 피가 우리를 저주에서 속량했음을 믿음으로 선포할 때 그 저주는 떠나갑니다. 예수 그리스도의 십자가를 믿음으로 저주에서 벗어나 아브라함의 복을 취하는 삶을 살아야 합니다..

고통에서 해방

예수님의 십자가는 율법의 고통에서 우리를 해방시켰습니다. 율법 아래에서 우리가 겪어야 할 모든 고통을 예수님이 대신 당하셨기 때문입니다.

이사야 53:3

그는 멸시를 받아 사람들에게 버림받았으며 간고를 많이 겪었으며 질고를 아는 자라 마치 사람들이 그에게서 얼굴을 가리는 것같이 멸시를 당하였고 우리도 그를 귀히 여기지 아니하였도다 예수님은 간고를 많이 겪으셨다고 했습니다. 간고는 육체적, 정신적 고통을 말합니다. 예수님은 육체적으로 많은 고통을 당하셨습니다. 실제로 십자가에서 살이 찢기고, 피를 흘리셨습니다. 머리에 쓰신 가시관이 찌르는 고통과 채찍에 의해 살을 에는 고통, 손과 발에 못이 박히는 고통을 당하셨습니다.

또한 예수님은 말할 수 없는 정신적 고통을 겪으셨습니다. 3년 동안 사랑으로 섬겨주었던 자기 제자로부터 배신당하는 고통을 당했습니다. 그리고 예수님은 벌거벗긴 채로 많은 사람들과 여자들이 보는 가운데 십자가에 매달려 모든 수치와 모욕, 부끄러움을 당하셨습니다. 또한 군병들과 지나가는 사람들로부터 멸시와 조롱을 당하며 철저히 사람에게 버림받는 거절감의 고통을 당하셨습니다. 자기의 생명을 주면서까지 구원하시려는 그 죄인들로부터 오히려 거절당하시는 아픔을 받으셨습니다.

예수님은 십자가에서 우리가 당할 수 있는 모든 종류의 고통을 대신 감당하셨습니다. 그리고 우리가 사람으로부터 받는 거절감, 수치심, 열등감, 미움, 시기, 사람과의 관계의 어려움, 가족과의 관계의 고통을 십자가에서 대신 다 감당하셨습니다.

우리가 죄 값으로 받아야 되는 모든 고통을 예수님이 이미 다 감당하셨기에 이제 우리는 더 이상 이런 고통에 시달리지 않아도 됩니다. 비록 고난과 시련이 있을지라도 예수님의 보혈의 은혜로 넉넉히 이길 수 있게 되었습니다.

그래서 어떤 사람은 주님의 십자가를 지고 기꺼이 순교를 당하기도 하고, 어떤 사람은 고난 가운데도 찬송하며 기쁨으로 주님을 섬길 수 있게 되었습니다. 이런 주님의 십자가를 경험한 사람은 주님으로 인해 화형을 당하는 고통 속에서도 찬송을 부르며 기쁘게 죽음을 감당할 수 있는 능력이 있었습니다. 주님을 위해 받는 억울함과 부끄러운 수치심도 넉넉히 이길 수 있는 십자가의 권세가 있습니다. 예수님이 당하신 고통으로 인해 우리도 그러한 고통을 능히 감당할 수 있게 되었습니다. 그리고 그런 고난 중에도 예수 그리스도가 주시는 마음의 평안을 누리게 되었습니다.

질병을 치유

예수님께서 십자가에서 우리의 질병을 짊어지심으로 우리의 모든 질병을 치유하셨습니다. 많은 사람들이 질병으로 인해 고통을 당합니다. 특별히 의술로 고칠 수 없는 불치병을 앓는 사람의 고통은 더욱 더 그렇습니다. 예수님은 십자가에서 친히 그 질병을 감당하셨기 때문에 우리의 아픈 고통을 잘 알고 계십니다.

이사야 53:4

그는 실로 우리의 질고를 지고 우리의 슬픔을 당하였거늘 우리는 생각하기를 그는 징벌을 받아 하나님께 맞으며 고난을 당한다 하였노라

이사야 53:5

그가 찔림은 우리의 허물 때문이요 그가 상함은 우리의 죄악 때문이라 그가 징계를 받으므로 우리는 평화를 누리고 그가 채찍에 맞으므로 우리는 나음을 받았도다

예수님은 우리의 질고를 지고 우리의 슬픔을 당하셨다고 했습니다. 질고는 질병을 뜻합니다. 예수님은 채찍에 맞으셨고 그로 인해 우리는 나음을 받았습니다. 이 사건은 모두 과거 시제입니다. 이미 우리의 질병이 십자가 안에서 나음을 받았다는 뜻입니다.

예수님은 이 땅에 오셔서 사람에게 있는 불치병, 유전병, 귀신들림, 중풍병, 나병, 혈루병, 못 걷고, 못 보고, 말 못하고, 듣지 못하는 많은 병을 다 고치셨습니다. 우리의 질병을 치유하시기 위해 친히 십자가에서 채찍에 맞으심으로 우리의 질병을 짊어지셨습니다.

마태복음 8:17

이는 선지자 이사야를 통하여 하신 말씀에 우리의 연약한 것을 친히 담당하시고 병을 짊어지셨도다 함을 이루려 하심이더라

신명기는 율법을 지키지 못할 때 여러 질병이 저주로 주어진다고 했습니다. 하지만 예수님은 십자가에서 그 저주를 끊으셨습니다. 그리고 저주로 인한 질병을 치유하시기 위해 채찍에 맞으셨습니다. 지

금 이 순간에도 우리의 질병을 치유하는 데 예수님이 맞으신 채찍은 유효합니다. 예수님의 십자가 사역이 우리의 질병을 낫게 하신 이 사실을 믿음으로 받아들여야 합니다.

예수님이 주신 은혜

예수님이 십자가에서 우리를 대신해서 죄에 대한 심판을 받으심으로 우리에게는 심판이 아닌 은혜가 주어졌습니다. 십자가를 통해 우리에게 주어진 수많은 은혜가 있지만 가장 핵심적인 두 가지를 봅니다.

지성소에 들어가게 하심

구약의 하나님은 우리가 가까이 하기에는 너무 멀리 계시면서 심히 두려운 분입니다. 율법으로 통치하시는 하나님은 우리가 죄를 지을 때 무서운 심판을 하십니다. 그래서 죄인이 하나님을 가까이 하면 죽임을 당하기 때문에 멀리 떨어질수록 안전합니다.

하나님께서 모세에게 율법을 주실 때 시내산 꼭대기에 계셨고, 백성들은 그분께 가까이 나갈 수 없게 경계가 정해져 있었습니다. 혹이라도 그 경계를 넘게 될 때 사람은 물론 짐승이라도 죽음을 면할 수 없었습니다. 하나님 앞에 나갈 때는 멀리서라도 얼굴을 땅에 대고 죽을 죄인의 모습으로 나가야 했습니다.

이에 비해 신약의 하나님이신 예수님은 높은 시내산 꼭대기가 아닌 낮고 낮은 베들레헴 말구유에 오셨습니다. 아무 두려움 없이 누구라도 가까이 할 수 있는 연약한 아기의 모습으로 오셨습니다. 그분은 우리 가까이에 오셔서 죄인들과 함께 먹고 마시며 친구가 되어주시는 임마누엘의 하나님이십니다. 예수님은 세상에 가장 낮고 천한 자들을 가까이 찾아와 친구가 되어주시는 분입니다. 그뿐 아니라 우리의 모든 죄와 허물을 다 아시면서도 우리를 용서하시고 사랑을 베푸는 자비로우신 분이십니다.

율법주의자들은 우리에게 낮은 모습으로 오신 예수님도 율법의 하나님처럼 죄인을 정죄하리라 생각합니다. 그래서 예수님이 세리와 죄인의 친구가 되어주시는 것을 보고 오히려 분노했습니다. 그들은 아직 예수 그리스도를 알지 못함으로 구약의 율법에 갇혀 있었습니다.

구약에서는 하나님이 죄인을 가까이 하는 것은 있을 수 없는 일입니다. 그리고 죄인이 하나님을 가까이 하는 것도 상상할 수 없는 일입니다. 구약의 성전은 뜰, 성소, 지성소의 세 부분으로 나누어져 있었습니다. 그 중 성소까지는 제사장들이 제사를 지내고 드나들 수 있었지만 지성소는 금단의 구역이었습니다. 죄 있는 몸으로 지성소에 들어가면 죽기 때문입니다. 이런 위험을 막기 위해 성소와 지성소 사이에는 두꺼운 휘장으로 막혀있습니다. 그래서 구약에서는 오직 한 사람 대제사장만 하나님이 계신 지성소에 들어갈 수 있었습니다. 그 대제사장조차 1년에 한 번의 만남만이 허락되었을 뿐입니다. 대제사장이 지성소에 들어갈 때조차 죽음을 피하기 위해 짐승의 피를 가지고 두렵고 떨림으로 들어가야 했습니다.

그런데 예수님이 십자가에서 돌아가실 때 그 휘장이 위에서부터 아래로 찢어졌습니다. 예수님의 피를 보시고 하나님이 직접 그 휘장을 허물어 주셨습니다. 예수님의 피가 우리와 하나님 사이를 막고 있던 휘장을 가르게 했습니다. 이는 죄로 인해 막혔던 하나님과 우리 사이에 막힌 담이 없어졌다는 표시입니다.

> 에베소서 2:13
>
> 이제는 전에 멀리 있던 너희가 그리스도 예수 안에서 그리스도의 피로 가까워졌느니라
>
> 에베소서 2:14
>
> 그는 우리의 화평이신지라 둘로 하나를 만드사 원수 된 것 곧 중간에 막힌 담을 자기 육체로 허시고
>
> 에베소서 2:15
>
> 법조문으로 된 계명의 율법을 폐하셨으니 이는 이 둘로 자기 안에서 한 새 사람을 지어 화평하게 하시고

휘장이 갈라졌다는 것은 우리가 율법의 조문으로 인해 하나님과

원수되었던 관계가 회복되었다는 뜻입니다. 그것은 이제 자유롭게 지성소에 들어와도 된다는 하나님의 허락입니다. 우리는 예수의 피를 힘입어 언제든지 하나님이 계신 지성소에 담대히 나아갈 수 있게 되었습니다. 대제사장은 짐승의 피를 가지고 지성소에 들어갔지만 우리는 예수의 피를 힘입어 지성소에 들어갈 수 있기 때문입니다.

히브리서 10:19

그러므로 형제들아 우리가 예수의 피를 힘입어 성소에 들어갈 담력을 얻었나니

히브리서 10:20

그 길은 우리를 위하여 휘장 가운데로 열어 놓으신 새로운 살 길이요 휘장은 곧 그의 육체니라

하나님께서 우리에게 은혜를 베푸시는 그곳에서, 이제 하나님의 도움이 필요할 때마다 언제든지 예수님의 피를 힘입어 은혜의 보좌로 나아갈 수 있습니다. 예수 그리스도의 피가 그동안 하나님과 원수 관계로 만든 모든 저주를 끊어주셨습니다. 오랫동안 하나님을 알지 못한 채 하나님과 원수로 살았던 우리가 예수 그리스도 안에서 하나님을 우리의 아버지로 부르면서 하나님이 계신 지성소를 우리 집처럼 자유롭게 드나들 수 있게 되었습니다. 예수님이 십자가에서 이 놀라운 일을 이루어 놓으셨기 때문에 우리는 단지 그를 믿음으로 이 은혜 안에 들어갈 수 있게 되었습니다.

히브리서 4:16

그러므로 우리는 긍휼하심을 받고 때를 따라 돕는 은혜를 얻기 위하여 은혜의 보좌 앞에 담대히 나아갈 것이니라

지성소는 하나님께서 은혜를 베푸시는 곳입니다. 지성소에 있는 법궤를 덮고 있는 것을 '시은좌'라 부르는 데 그것은 하나님께서 은혜를 베푸시는 자리라는 뜻입니다. 전에는 죽음과 심판의 자리였던 그곳이 예수님의 피로 인해 은혜가 충만한 자리가 되었습니다. 이제 우리는 하나님의 은혜가 필요할 때마다 언제든지 하나님의 보좌 앞으로 담대히 나갈 수 있습니다. 그곳은 우리가 하나님과 함께 거하는 은혜의 보좌입니다. 하나님의 은혜가 필요하면 두려워하지 말고 언제든지 주님의 보좌로 나가시기 바랍니다. 하나님은 우리를 사랑하시기에 우리에게 때를 따라 도우시는 은혜를 베풀어주십니다.

자유와 쉼을 주심

율법의 활동 기한은 세례 요한의 때까지입니다. 그 이후 지금은 예수 그리스도로부터 주어지는 은혜의 시대입니다. 이러한 예수님의 은혜를 모르면 우리는 계속 율법에 갇혀 죄의 종노릇 하는 삶을 살 수밖에 없습니다. 그것은 마치 식민지 상태에서 독립 전쟁을 하는 사람이 그 전쟁이 끝나고 해방이 되었는데도, 그것을 모른 채 여전히 식민지 포로로 생활하는 것과 같습니다.

요한복음 8:32

진리를 알지니 진리가 너희를 자유롭게 하리라

우리가 진리이신 예수님을 알게 될 때 율법에서 자유하게 됩니다. 예수 그리스도의 십자가를 알지 못하면 여전히 율법 안에 갇혀 있게 됩니다. 그래서 유대인들은 지금까지도 평생 율법의 무거운 짐을 진 채 수고하고 있습니다. 예수님은 우리를 짓누르는 율법의 무거운 짐을 벗기고 쉼을 주기 원하십니다. 예수님은 이런 율법의 무거운 짐 진 자들을 초청하고 계십니다. 그들에게 진정한 자유와 쉼을 주기 원하시기 때문입니다.

마태복음 11:28

수고하고 무거운 짐 진 자들아 다 내게로 오라 내가 너희를 쉬게 하리라

마태복음 11:29

나는 마음이 온유하고 겸손하니 나의 멍에를 메고 내게 배우라 그리하면 너희 마음이 쉼을 얻으리라

마태복음 11:30

이는 내 멍에는 쉽고 내 짐은 가벼움이라 하시니

예수님은 율법의 짐에 짓눌려 지쳐있는 종교인들에게 예수님께로 와서 무거운 짐을 내려놓고 쉼을 얻으라고 말씀하십니다. 예수님이

주시는 쉼을 누리는 방법은 온유하고 겸손한 마음으로 예수님의 명에를 메고 배우는 것입니다. 마음이 온유하고 겸손한 사람만이 예수님의 명에를 멜 수 있기 때문입니다.

율법주의자들이 수고하고 무거운 짐을 지고 곤고한 이유는 마음에 온유함과 겸손함이 없기 때문입니다. 그들이 율법으로 살려고 하는 만큼 마음이 교만하고 완고해집니다. 자신의 의로 남들을 판단하며 분노하고, 정죄하는 그러한 삶 자체가 수고롭고 무거운 짐을 지는 것입니다. 그러한 정죄와 판단은 다른 사람들을 힘들게 할 뿐 아니라 자기 자신의 영혼도 더 피곤하고 핍절하게 됩니다. 그런 마음 자체가 자기 영혼을 짓눌러 쉼을 얻지 못하게 합니다.

예수님은 "내 명에는 쉽고 내 짐은 가볍다"고 하셨습니다. 예수님이 우리 대신 십자가에서 모든 것을 지고 가셨기 때문에 우리 혼자 져야 할 짐은 없습니다. 율법주의자는 자기 의라는 커다란 짐을 등에 짊어지고 허우적거립니다. 이제 그동안 쌓아올린 자기 의라는 산에서 내려와야 합니다. 그 의가 다른 사람을 살리고 생명을 주는지 아니면 다른 사람을 죽이며 힘들게 하는지를 생각해보아야 합니다. 또한 자기 의가 자신의 삶에 진정한 기쁨과 쉼을 주고 있는지 아니면 끊임없는 불만족과 긴장된 두려움을 주는지를 돌아보아야 합니다. 그리고 자신으로 인해 다른 사람들이 위로와 소망을 가지게 하는지 아니면 낙심과 상처를 받고 있는지를 돌아보아야 합니다. 무엇보다 자기 안에 하나님이 주시는 평안과 기쁨과 자유함이 있는지를 냉정히 판단해보아야 합니다.

율법주의는 결국 자기 의로 다른 사람의 영혼을 죽이는 쓴 열매가 있을 뿐입니다. 하나님으로부터 나오는 의는 거룩하며 의로운 빛의 열매가 나타납니다. 예수님은 열매로 그 나무를 안다고 말씀하셨습니다. 율법주의자에게는 사랑, 희락, 화평, 자비, 인내, 온유의 열매가 나타나지 않습니다. 스스로 의롭다고 여기는 그에게는 오히려 불평, 분노, 혈기, 판단, 교만, 용서하지 못함의 쓴 열매들만 가득할 뿐입니다.

이제 비록 평생을 수고하여 노력한 율법의 공든 탑이라도 무너뜨려야 할 것은 무너뜨릴 수 있는 결단이 필요합니다. 그것을 두려워하면 헌 가죽 부대에 묵은 포도주를 먹는 삶으로 끝나게 됩니다. 그것은 율법주의를 버리지 못해 결국 죄의 심판으로 끝나는 삶입니다.

예수님은 이제 그 무거운 율법의 짐을 내려놓고 예수님께로 나오라고 부르십니다. 그리고 예수님의 멍에를 메고 예수님의 십자가의 삶을 배우라고 하십니다. 그 멍에는 쉽고 가볍다고 했습니다. 예수님이 십자가에서 이미 우리의 무거운 짐을 다 지셨기 때문입니다. 이제 우리는 예수님이 이루신 십자가의 은혜 안에서 쉼과 자유를 누리는 신앙을 하면 됩니다.

예수님은 이제 그 무거운 율법의
짐을 내려놓고 예수님께로 나오라고
부르십니다.

나누어 보기

1. 예수님이 이 땅에 오신 목적이 무엇인지 나누어 보세요.

2. 예수님이 어떻게 율법의 요구를 마치게 하셨나요?

3. 예수님이 십자가에서 어떤 일을 하셨나요?

4. 예수님이 우리에게 베푸신 가장 큰 은혜가 무엇인가요?

5. 자신이 지고 있는 무거운 짐이 있다면 무엇이며 그 짐을 어떻게 해결할 수 있는지 나누어 보세요.

요한복음 1:17

¹⁷ 율법은 모세로 말미암아 주어진 것이요 은혜와 진리는 예수 그리스도로 말미암아 온 것이라

3
chapter

시내산에서 갈보리로

성경에서 구약은 삼위일체 하나님 중에서 성부 하나님이 주도적인 사역을 하시는 시대라고 할 수 있습니다. 구약에서도 예수님과 성령님이 함께 사역을 하시지만 주로 여호와 하나님의 이름이 많이 나옵니다. 그리고 신약에서는 하나님께서 함께 사역을 하시지만 예수 그리스도와 성령님이 주도적인 사역을 하는 시대라 할 수 있습니다.

구약과 신약은 삼위 하나님 중 어느 분이 사역을 주도하시느냐 뿐만 아니라 통치 수단도 다른 점이 있습니다. 구약의 통치 수단은 율법이었습니다. 그런데 율법으로 통치하던 구약의 인류 역사는 모두 실패로 끝납니다. 율법으로는 사람의 죄 문제를 해결할 수 없기 때문입니다.

하나님으로부터 직접 율법을 받은 출애굽 1세대들조차 율법을 지키지 못하고 원망과 불평으로 불순종했습니다. 그 결과 40년 동안 광야에서 고생만 하다가 죽었습니다. 율법을 직접 받은 모세가 이끄는 시대도 실패했는데 하물며 다른 시대야 말할 것도 없습니다. 여호수아 시대에 가나안 정복을 한 이후 사사 시대도 끊임없이 죄를 반복한 실패의 역사였습니다. 백성들이 죄를 지을 때 하나님은 심판하시고, 하나님의 심판으로 고난이 주어질 때 백성들은 다시 하나님 앞에 부르짖었습니다. 그러면 하나님께서 다시 원수의 억압에서 구원해 주셨습니다. 그로 인해 평안해질 때쯤 백성들의 마음이 풀어져서 다시 죄를 지음으로 인해 심판이 주어지는 일을 반복했습니다.

그 이후 사무엘 시대에는 백성들의 요구에 의해 왕이 세워졌습니다. 그러나 그 왕들이 우상을 섬기며 율법을 범하는 죄를 지었습니다. 열왕들의 죄로 인해 결국 하나님의 심판으로 성전까지 파괴된 채 이방의 포로가 되었습니다. 이렇게 율법으로 통치하던 이스라엘은 어느 시대나 율법을 지키지 못함으로 실패의 역사로 끝났습니다.

모세를 통해 율법을 받을 때 백성들은 그것을 다 지키겠다고 약속했지만 역사상 단 한 사람도 그 율법을 다 지킨 사람은 없었습니다. 그 결과 구약의 마지막 말씀인 말라기는 저주로 끝을 맺습니다. 말라기의 마지막 장 마지막 절인 말라기 4장 6절에 "저주로 그 땅을 칠까하노라 는 저주의 말로 구약의 율법 시대를 마치고 있습니다. 이로써 구약은 모세의 율법으로 시작해서 율법의 저주로 끝이 납니다. 처음부터 지키지 못할 율법으로 시작했기에 그것은 이미 예견된 결과입니다.

구약의 율법은 모세를 통해 주어졌습니다. 그러나 신약은 구약의 저주를 끝낼 예수 그리스도의 소망과 축복으로 시작합니다.

요한복음 1:17
율법은 모세로 말미암아 주어진 것이요 그 뒤에 은혜와 진리는 예수 그리스도로 말미암아 온 것이라

이제 구약의 율법의 저주가 끝나고 신약은 예수 그리스도의 은혜와 진리로 시작됩니다. 모세는 우리를 죽이는 무서운 율법을 주었으나, 예수 그리스도는 우리를 살리는 은혜와 진리로 충만하십니다. 신약의 마지막 성경인 요한계시록의 마지막은 은혜의 말씀으로 마칩니다.

요한계시록 22:21
주 예수의 은혜가 모든 자들에게 있을지어다 아멘

이것이 신약은 예수 그리스도의 은혜의 시대임을 말해줍니다. 구약의 마지막 말은 저주로 끝났지만 신약의 마지막 말은 은혜로 마칩니다. 지금은 율법이 지배하는 구약을 넘어 예수 그리스도의 은혜로 다스리는 시대입니다. 이제 우리는 율법이 아니라 예수 그리스도의 은혜로 살아야 합니다.

유대인의 인사말은 히브리어로 '샬롬'이고, 헬라인들의 인사말은 헬라어로 '카리스'입니다. 히브리어로 샬롬은 '평화'를 뜻하고, 헬라 말의 카리스는 '은혜'를 뜻합니다. 율법으로 정죄하고 판단하며 율법의 저주 아래 있는 사람에게는 평화가 중요했을 것입니다. 그리고 예수님의 십자가로 모든 율법의 저주를 해결해주신 자유를 경험한 사람에게는 그 은혜가 너무 감사했을 것입니다. 그래서 신약에는 '카리스'라는 단어가 무려 213번이나 사용되고 있습니다. 그에 비해 구약에는 같은 의미의 '은혜'를 뜻하는 말이 없습니다. 모세의 율법에는 '은혜'가 없는데, 은혜는 예수 그리스도를 통해 주어졌기 때문입니다.

이 은혜가 오기 전에 사람들은 모세의 율법으로 하나님을 섬겼습니다. 모세의 제자는 율법으로 살지만, 예수님의 제자는 은혜로 삽니다. 율법적인 사람은 율법적인 제자를 낳고, 예수님의 은혜로 신앙하는 사람은 그 은혜로 예수님의 제자를 세웁니다. 바리새인들은 자신들을 '모세의 제자'라고 자랑했습니다. 그들은 자기와 똑같은 율법에 매인 제자를 낳았습니다. 이에 대해 예수님은 맹인이 맹인을 인도한다 라고 하시며 자기가 전도한 사람을 자신보다 배나 더한 지옥 자식이 되게 한다 고 말씀하셨습니다.

율법적인 신앙을 하면 자기 혼자만 율법주의에 빠지는 것이 아니라, 자신이 가르치는 많은 사람들을 똑같이 율법의 희생자로 만듭니다. 그래서 다른 사람을 잘못 가르치는 선생된 자가 더 큰 심판을 받게 됩니다. 교회나 소그룹 안에서 리더가 누구냐에 따라 그 모임의 방향과 성격이 달라집니다. 그 공동체의 리더가 율법에 매여있으면 예수님의 은혜의 시대인 지금도 그 율법으로 하나님의 은혜를 막는 일을 하게 됩니다.

지금은 율법을 받은 시내산에서 내려와 예수님이 십자가를 지신 갈보리로 올라가야 할 때입니다. 그곳은 더 이상 저주나 죽음이 없는 영원한 생명과 자유가 주어지는 은혜의 장소입니다. 아직도 시내산 율법 아래 머물며 무거운 짐을 지고 신앙하는 사람은 이제 갈보리로 올라가는 결단이 필요한 때입니다.

시내산 신앙

시내산은 모세가 하나님께 율법을 받은 곳으로 율법을 상징합니다. 시내산 신앙은 율법으로 하는 신앙입니다.

시내산 신앙의 특징

시내산 신앙은 자기 힘과 노력으로 율법의 의를 이루고자 합니다. 그 결과 시내산 신앙에는 다음과 같은 특징이 나타납니다.

자기 의를 세움

율법주의 신앙은 자기 힘으로 최선을 다해 하나님의 율법을 지키려고 노력합니다. 자기 힘으로 율법을 이루려 하기에 그런 신앙을 하면 할수록 결국 자기 안에 자기 의가 더 많이 생기게 됩니다. 자신이 하나님을 위해 충성하고 헌신하는 만큼 다른 사람들보다 더 낫다는 자기 의가 쌓이게 됩니다.

높고 험난한 시내산을 올라가는 이런 신앙은 아무나 할 수 없습니다. 적당히 신앙하고자 하는 평범한 사람은 시내산 신앙에 도전할 수조차 없습니다. 자기 성실과 의지력과 집념이 강한 사람만 도전할 수 있고, 의지력이 약하거나 성실하지 못한 사람은 엄두조차 낼 수 없습니다.

세상에도 이런 사람들만 도전할 수 있는 철인 3종 경기라는 것이 있습니다. 한 사람이 수영, 자전거, 마라톤 3종목을 연속으로 하는 강력한 경기입니다. 지역마다 약간씩 다르기는 하지만 제가 하와이에서 본 바로는 먼저 바다에서 수영으로 1.5km를 완주한 뒤 육지로 올라와 곧 바로 자전거를 타고 40km를 달립니다. 그리고 마지막으로 10km의 마라톤 코스를 완주는 하는 것으로 마칩니다. 기온이 30-40도나 되는 더운 날씨에 40km 자건거와 10km 마라톤을 뛰는 것은 쉬운 일이 아닙니다. 이런 경기에 도전하는 것은 아무나 할 수 없습니다. 어느 한 가지만 잘 해서 되지 않고 3가지 전 종목을 다 잘해야 하는 데 이를 위해서는 강인한 체력과 결코 포기하지 않으려는 끈질긴 인내력과 목표 달성에 대한 강한 집념이 있어야 합니다. 그래서 보통 사람은 감히 이런 경기에 도전할 마음조차 갖지 못합니다.

그런데 시내산으로 올라가는 신앙의 경주는 이 철인 3종 경기보다 더 강한 조건을 요구합니다. 시내산 경기는 철인 3종 경기에 비교할 수 없는 '율법 4종 경기'에 도전할 수 있어야 하기 때문입니다. 율법 4종 경기의 경기 조건은 기간과 거리가 무제한이며, 그 목표는 평생을 다 해 율법을 완전히 완성하는 것입니다. 이를 위해서는 4가지 조건을 가진 사람만 도전할 수 있습니다.

첫째, 탁월한 개인의 능력이 있어야 합니다.

율법을 이해하고, 암기하고, 가르칠 수 있는 탁월한 재능과 개인적인 능력이 있어야 합니다. 그렇지 않으면 경쟁에서 탈락됩니다.

둘째, 철저한 목표 의식과 성실성이 있어야 합니다.

아무리 어렵고 힘들어도 정해진 목표를 달성하는 성실이 있어야 합니다. 이를 위해 정해진 시간을 철저히 지키며, 맡은 일은 어떤 일이 있어도 완수해야만 하고 그 어떤 변명이나 타협은 없습니다.

셋째, 절대 포기하지 않는 강한 의지력이 있어야 합니다.

아무리 힘들어도 금욕과 절제로 자기를 이기고 고난을 극복할 수 있는 투철한 의지력이 있어야 합니다. 힘들다고 중간에 포기하는 사람은 경쟁에서 도태되며, 율법의 저주에 떨어지게 됩니다.

넷째, 이 모든 것을 감당할 수 있는 강인한 체력이 있어야 합니다.

새벽부터 밤 늦게까지 온 몸을 불살라 헌신하고 충성해도 지치지 않는 강한 체력이 있어야 합니다. 체력이 따라가지 않는 사람은 금방 지치고 병이 나서 중간에 포기하게 됩니다.

이런 자격 조건이 되는 사람만 시내산 신앙에 도전할 수 있습니다. 그런 사람들의 공통점은 자신을 의지하고 신뢰하는 의지력과 자기 의가 매우 강합니다. 정해진 목표를 향한 집념이 강해 결코 포기하지 않는 목표지향적인 성취력을 가지고 있습니다. 그래서 자기보다 못한 사람을 판단하고 무시하는 교만한 마음을 가지고 있습니다.

그런데 지금까지 3,500년 동안 율법 역사상 이 시내산 율법 4종 경기에 도전해서 성공한 사람은 아무도 없습니다. 율법이 주어진 이래 3,500년 동안 기라성 같은 수많은 사람들이 이 경기에 도전했지만 모두 실패했습니다. 역사상 유명한 대제사장, 뛰어난 율법사, 자기 의에 충만한 바리새인들 조차도 그 경기를 규칙대로 지킨 사람은 한 사람도 없었습니다. 그럼에도 불구하고 지금도 그 시내산 경기는 계속 열리고 있고, 그 경기에 참가하기 위해 수많은 사람들이 그곳으로 몰려가고 있습니다. 그들은 모두 자기는 할 수 있다고 생각하며 자기를 신뢰하는 사람들입니다.

그들은 얼마 가지 않아 자신이 결코 시내산까지 갈 수 없다는 것을 느끼기 시작합니다. 그래서 그 목표를 포기하는 대신 하나님이 정하신 율법의 기준을 타협하려고 합니다. 하나님의 기준에서 사람이 할 수 있는 기준으로 대체하는 것입니다.

로마서 10:2
내가 증언하노니 그들이 하나님께 열심이 있으나 올바른 지식을 따른 것이 아
니니라
로마서 10:3
하나님의 의를 모르고 자기 의를 세우려고 힘써 하나님의 의에 복종하지 아니
하였느니라

율법주의자들은 열심은 대단하지만 하나님이 정하신 올바른 지식을 따르는 것이 아닙니다. 하나님의 의가 아닌 자기 의를 세우려는 종교성으로 하는 열심입니다. 하나님의 기준이 아니라 사람이 세운 기준을 따르기에 결국 율법주의는 인본주의로 변질됩니다. 사람에게 인정받기 위해 하나님의 의에 힘써 복종치 않게 됩니다.

선교를 잘 하시는 선교사님이 계셨습니다. 마음이 순수하시고 겸손하신 분이셨습니다. 그 분은 주변에 다른 선교사들이 자기 사역을 드러내고 자랑하는 모습을 볼 때마다 자신은 그렇게 하지 않으려고 했습니다. 그래서 매우 어려운 지역에서 오랫동안 사역하시면서도 철저히 자신을 드러내지 않으셨습니다. 매스컴의 인터뷰 요청도 수차례 있었지만 모두 거절하셨습니다. 오직 하나님 앞에서만 살고자 했기

때문입니다. 그런데 다른 선교사님들은 자기가 하는 사역에 비해 별 것 아닌 것을 과도하게 드러내는 것에 대해 마음이 편치 않았습니다. 그로 인해 선교사님 마음에 그런 사람들보다 자신이 더 잘 하고 있다는 생각을 하게 되었습니다. 비록 하나님 앞에서 자신을 겸손하게 드러내지 않는다고 생각할지라도, 자신을 드러내지 않는 그것으로 자신이 더 낫다는 자기 의가 생기게 된 것입니다.

이처럼 우리는 아무리 좋은 일을 해도 그것이 곧 자기 의라는 다른 죄를 낳는 본질상 죄인입니다. 하나님 앞에 착하게 산다고 하는 그것이 결국 자기 의가 되어 버립니다. 교회를 위해 헌신하고, 다른 사람을 섬기며, 어려운 사람을 구제하는 선한 일을 하는 자체는 나쁜 것이 아님에도 그런 일을 계속 하다보면 어느새 자기 안에 자기가 잘 하고 있다는 자기 의가 자리 잡습니다. 하지만 십자가 안에서 행하지 않은 모든 것은 선도 아니요, 겸손도 아니며 그것은 자기 열심과 의에서 하는 수준을 벗어나기 어렵습니다.

성경은 예레미야 17장 9절에 만물보다 거짓되고 심히 부패한 것은 마음이라 누가 능히 이를 알리요마는 이라고 말씀합니다. 그래서 자신이 옳다고 생각하는 의가 하나님 앞에서도 의가 되지 않을 수 있다는 것을 인정해야 합니다.

전도를 하고자 할 때 우리는 착한 사람들보다 죄를 많이 짓는 악한 사람들을 전도하는 것이 더 어려울 것이라고 생각합니다. 마음이 착하고 선한 일을 많이 하는 사람들이 전도할 때 좋은 반응을 보일 것이라고 기대합니다. 그러나 꼭 그렇지만 않습니다. 오히려 자기 삶을 모범적으로 잘 살며 착한 사람을 전도하기가 더 어려운 경우가 있습니다. 그들은 스스로 자기는 법 없이도 잘 살 수 있는 착한 사람이라는 자기 의가 있기 때문입니다. 그런 사람은 자신이 죄가 없다고 여기기 때문에 예수님을 필요로 할 이유를 느끼지 못합니다.

이런 사람들은 교회 밖 세상에만 있는 것이 아니라 교회 안에도 있습니다. 어릴 때부터 교회 안에서 모태신앙으로 자라온 사람들 중에는 평생 교회를 떠나 본 적이 없고, 주일을 범한 적도 없는 사람들이 있습니다. 어릴 때부터 주일에 친구들이 놀러 다닐 때 자기는 주일을 지키기 위해 교회에 가고, 남들이 나쁜 게임을 하며 죄를 지을 때도 자기는 하나님 앞에 죄를 짓지 않기 위해 성경 암송을 하며, 술과 담배는 입에도 대지 않으며 올바른 신앙을 한 사람들입니다. 이런 사람들 중에 예수 그리스도의 십자가의 죄사함을 인격적으로 체험하지 못한 경우도 있습니다. 그 모든 것을 종교적인 차원에서 행함으로 자기가 해온 모든 선행이 자기 의가 될 수 있습니다. 그래서 니고데모 같이 존경받는 선한 선생은 될 수 있어도 예수 그리스도의 십자가와 죄사함을 모를 수 있습니다.

이런 사람들은 자기 열심과 성실로 율법 4종 경기를 하면서 시내산으로 올라가는 신앙을 하는 것입니다. 그들은 다른 사람보다 더 열심히 하고, 남보다 더 잘 하는 그 자체가 신앙의 목표이며 의미가 됩니다. 그들의 눈에는 자기 노력이나 수고 없이 그냥 하나님의 의를 얻으려는 갈보리의 은혜는 너무 무가치하게 여겨질 뿐입니다. 그들은 시내산을 높이 올라갈수록 그만큼 자기 의가 쌓이게 됩니다. 다른 한편 그렇게 힘써 올라가면 올라갈수록 하나님과는 점점 거리가 멀어지게 됩니다. 하나님의 의를 모르고 자기 의를 세우려고 힘써 하나님의 의에 복종하지 않기 때문입니다. 결국 자기 열심과 충성을 할수록 하나님과 점점 더 멀어지는 일 중심의 종교인이 됩니다. 시내산 신앙에는 예수 그리스도의 십자가는 없고 자기 의만 있기 때문입니다.

우리 안에도 이런 요소가 없는지 살펴보아야 합니다. 자신이 이런 시내산으로 올라가고 있다면 왔던 길을 되돌아 내려가야 합니다. 시내산에서 내려온 사람만이 갈보리로 올라가는 새로운 신앙을 시작할 수 있습니다.

남을 판단 정죄함

시내산 신앙은 남을 판단하고 정죄하는 결과를 낳습니다. 구약에는 은혜라는 말이 없습니다. 은혜의 핵심은 용서인데, 율법에는 용서가 없기에 은혜가 들어갈 틈이 없습니다. 시내산 신앙에는 죄와 실수에 대해 정죄와 심판이 있을 뿐 용서가 없습니다. 다른 사람의 죄에 대해 용서를 하지 못하면 남에게 똑같이 보복하게 되는데 이것이 율법의 특징입니다. 자기가 용서받은 경험이 없기 때문에 다른 사람의 허물을 용서하지 못합니다.

레위기 24:19

사람이 만일 그의 이웃에게 상해를 입혔으면 그가 행한 대로 그에게 행할 것이니

레위기 24:20

상처에는 상처로, 눈에는 눈으로, 이에는 이로 갚을지라 남에게 상해를 입힌 그대로 그에게 그대로 할 것이며

율법에는 용서가 없기에 상처에는 상처로, 눈에는 눈으로, 이에는 이로 갚으려 합니다. 어찌 보면 굉장히 공평하고 정당한 것 같습니다. 하지만 이것은 무서운 보복법입니다.

율법은 용서라는 은혜가 없기에 한 번 죄를 지으면 영원한 죄인이 됩니다. 율법 아래에서는 한 번 상처받고 용서하지 못하면 평생 원수 관계가 됩니다. 그 원수 관계가 자손 대대에 걸쳐 내려갑니다. 용서가 없는 사람에게 한 번의 죄와 실수는 10년, 100년, 대를 이어 원수 관계가 지속됩니다. 그래서 율법으로 사는 세상은 대를 이어 보복의 저주가 악순환으로 이어집니다.

이런 사람은 부부 사이에도 10년, 20년 전에 있었던 것까지 잊지 않고 사건이 있을 때마다 들춰내어 보복하려고 합니다. 세월이 지나도 용서가 안 되는 것은 그대로 남아 있기 때문입니다.

예수님은 자기 눈에 들보가 있는 사람은 남의 눈에 티끌을 빼내려

한다고 말씀하셨습니다. 다른 사람의 허물을 판단하고 비난하는 것은 자기 안에 있는 들보 같은 더 큰 죄를 보지 못하기 때문입니다. 매사에 옳고 그름을 따지며 다른 사람의 허물을 문제시 하는 사람은 사실 다른 면에서 더 문제가 많은 사람일 수 있습니다. 그들은 남이 못하는 것과 자신이 잘하는 것을 비교하는 불공평한 잣대를 가지고 있기 때문입니다.

로마서 2:1
그러므로 남을 판단하는 사람아 누구를 막론하고 네가 핑계하지 못할 것은 남을 판단하는 것으로 네가 너를 정죄함이니 판단하는 네가 같은 일을 행함이니라
로마서 2:2
이런 일을 행하는 자에게 하나님의 심판이 진리대로 되는 줄 우리가 아노라

교만한 사람은 다른 교만한 사람을 잘 판단합니다. 혈기 있는 사람은 혈기 있는 사람을 판단하기를 잘합니다. 판단하는 사람이 같은 문제를 가지고 있기에 그 사람의 죄가 잘 보이기 때문입니다. 사실 남을 판단하는 그것이 자신을 정죄하는 것입니다. 남을 판단하는 그 자체가 그 사람 안에 같은 죄가 있다는 증거입니다.

옛말에 50보 100보라는 말이 있습니다. 치열한 전쟁 가운데 두려움에 떨던 병사가 있었습니다. 전쟁을 알리는 북소리가 들리자 그 병

사는 갑옷을 벗어 던지고 도망치기 시작했습니다. 뛰면서 앞을 보니 자기보다 앞서 도망하고 있는 다른 병사가 보였습니다. 자신은 50걸음쯤, 다른 병사는 100걸음쯤 뛰어 달아나다 둘 다 멈춰 서게 되었습니다. 그때 50보를 도망친 병사가 100보 도망친 병사보고 비겁한 도망자라고 비난했습니다. 똑같은 죄를 짓고도 자기 죄를 모르고, 남의 죄를 판단하는 사람이 이와 같습니다.

50보 도망병이나, 100보 도망병이나 도망친 것은 매 한가지입니다. 50가지를 잘못했든지, 100가지를 잘못했든지 죄인이기는 마찬가지입니다. 죄에는 작은 죄, 큰 죄가 없고 다 똑같은 죄입니다. 우리는 하나님 앞에 똑같은 죄인임에도 불구하고 자신이 저 사람보다 조금 더 낫다는 생각으로 남을 판단합니다. 그 사람은 자신의 수많은 죄 위에 남을 판단하는 교만한 죄 하나를 더하고 있는 것입니다.

저는 유교적인 가정에서 자랐습니다. 저의 가정은 뼛 속 깊이 유교적 전통을 지닌 가문이었습니다. 유교는 확고한 율법을 가지고 있습니다. 그런 유교의 주된 특징은 다른 사람을 판단하고 정죄하는 것을 잘 합니다. 유교는 실수하거나 잘못한 것을 용서하지 않습니다. 실수를 너그럽게 봐주거나 격려하는 것이 없습니다. 잘못에 대해서는 오직 그에 대한 대가를 지불해야 하고, 책망을 받아야 합니다. 그런 방법으로 실수하는 사람을 고쳐주고, 가르쳐주려고 합니다.

이런 유교적 전통으로 교육받은 사람은 용서의 개념을 이해하기가 어렵습니다. 그들은 잘못한 것에 대해 무조건적으로 용서하는 것은 부당하고 불공평한 것으로 생각합니다. 이것이 율법에 속한 사람의 가치관입니다. 이에는 이로 갚아주는 것이 더 합리적이고 공평하다는 원리를 가지고 있습니다. 자기가 한 대 맞으면 남을 한 대 때려주는 것이 공평한 것이며 그렇지 않으면 어리석거나 힘이 없는 약한 자로 취급됩니다. 이것은 용서의 개념을 모르기 때문입니다.

예수 그리스도의 용서를 체험하지 못한 사람은 용서의 개념을 지식적으로는 알아도 실제로 용서할 능력은 없습니다. 용서해야 하는 줄 알면서도 용서가 안 됩니다. 교회를 다니고, 예수님의 십자가를 믿는다고 하면서도 다른 사람의 죄를 용서하지 못해 원수 관계로 묶인 사람이 많습니다.

그런 사람은 예수 그리스도의 십자가의 죄사함의 체험이 없기에 용서할 능력이 없습니다. 성장 과정에 가정 안에서 용서받은 경험이 없이 죄와 허물에 대한 정죄와 판단만 받고 자란 사람은 용서의 개념을 잘 배우지 못합니다. 늘 옳고 그름을 따지며 다른 사람을 자기 기준으로 판단하고 정죄하는 것을 당연시합니다. 교회를 다녀도 율법적인 신앙으로는 예수 그리스도의 죄사함의 용서를 체험하지 못합니다.

이런 사람은 늘 옳고 그름의 차원에 머물러 있습니다. 옳고 그름을 따지면 남을 용서하기 어렵습니다. 용서는 옳은 것을 용서하는 것이 아니라 잘못된 것을 용서하는 것이기 때문입니다. 이렇게 남의 허물을 용서하지 못하고, 정죄할 수밖에 없다면 그 사람은 지금 시내산에 있는 것입니다. 그런 사람은 시내산에서 내려와 갈보리로 가기 전까지는 용서하는 것이 어려울 것입니다.

남의 허물을 용서하지 못하고 정죄하는 사람은 그가 머물고 있는 그 시내산에서 내려와야 합니다. 그리고 자기 죄를 용서하시기 위해 십자가에 돌아가신 갈보리로 올라가야 합니다. 그곳에만 용서의 은혜와 참 자유가 있기 때문입니다.

사람의 전통과 계명을 중시함

시내산 신앙의 세 번째 특징은 사람의 전통과 계명을 중시하는 것입니다. 율법주의자들도 사실상 자신들이 율법을 완전하게 지킬 수 없다는 것을 알고 있습니다. 그들은 그 문제를 해결하기 위해 사람이 지킬 수 있는 전통과 계명을 만들어 율법을 대체하고자 했습니다.

> 마태복음 15:2
> 당신의 제자들이 어찌하여 장로들의 전통을 범하나이까 떡 먹을 때에 손을 씻지 아니하나이다
> 마태복음 15:3
> 대답하여 이르시되 너희는 어찌하여 너희의 전통으로 하나님의 계명을 범하느냐

식사 전에 손을 씻는 것은 유대인들에게는 중요한 전통이었습니다. 그것은 사람보기에 위생적으로도 좋으며, 어렵지 않게 지킬 수 있습니다. 이처럼 사람에게 보이는 전통을 지킴으로 사람으로부터는 의를 얻을 수 있습니다. 율법주의자들은 이런 전통을 많이 세워 놓았습니다. 하지만 전통이 좋을지라도 이것에 매이다 보면 하나님이 정하신 본질적인 것을 놓치게 됩니다. 예수님 말씀처럼 사람의 전통으로 하나님의 계명을 범하는 죄를 짓게 됩니다.

이와 같이 율법주의자들은 교회 안에서 여러 가지 많은 전통을 세우는 것을 중요시 합니다. 사회에서 지켜야 하는 예의범절, 교회 질서를 위해 지켜야 하는 교회 전통, 성도들 간에 지켜야 하는 도덕적인 규범 등을 강조합니다. 교회에서 드리는 예배 순서와 그 항목을 정하고, 찬양할 때 지켜야 할 규칙들을 제정하고, 기도할 때 지켜야 할 수칙들을 정하고, 강대상을 거룩하게 지키기 위해 세심한 전통을 세우는 것 등 사람의 기준으로 만든 전통을 중요하게 여깁니다. 물론 그런 것은 선한 동기에서 출발합니다. 그러나 그것을 강조하게 되면 교회 안에서도 비본질적인 교회 전통과 도덕적 규범을 하나님의 말씀보다 우선시 하는 문제가 생깁니다. 사람들이 하나님의 말씀을 지키는 것에 힘쓰기 보다 사람이 만든 전통을 지키는 데 마음을 드리기 때문입니다. 그런 사람에게는 사람의 전통과 율례가 하나님의 말씀을 거슬리는 역할을 하게 됩니다.

자신의 신앙생활에서 무엇을 중요시 하는지를 생각해보아야 합니다. 만약 자신의 신앙이 하나님의 말씀이 아닌 사람이 정해놓은 전통과 도덕적인 것을 중시하는 차원에 머물러 있다면 아직 시내산에 있는 것입니다. 이제 그 시내산에서 하던 종교적인 행위를 내려놓고 갈보리로 올라가야 합니다. .

예수 그리스도를 의지하지 않음

시내산 신앙의 결정적인 문제는 자기 자신의 능력을 의지하며 예수 그리스도를 의지하지 않는 것입니다. 예수님은 "건강한 자에게는 의원이 쓸데없다"라고 말씀합니다. 율법주의자들은 자신이 행하는 자기 의를 신뢰하며 자신의 능력을 의지합니다. 그로 인해 아직 예수 그리스도를 필요로 하지 않습니다. 그들은 자기 힘으로 교회 안에서 많은 일을 할 수 있다고 확신하기 때문입니다. 그런 사람들은 교회에서 인정받는 기둥 같은 집사일수 있고, 존경받는 장로이며, 성도를 사랑하는 사역자로 큰 일을 할 수는 있습니다. 그러나 그들의 결정적인 문제는 그 안에 예수 그리스도의 십자가가 없이 그런 일을 하는 것입니다.

그들은 교회에서 은혜로운 설교도 하고, 사람들의 마음을 감동시키는 찬양을 하기도 하고, 교회를 섬기는 중요한 일을 하기도 합니다. 그러나 그 안에 십자가가 없는 모든 것은 종교적인 일일 뿐입니다. 십자가가 없는 것에는 예수 그리스도의 생명도 없습니다. 아무리 사람이 보기에 심오하고 가슴을 울리는 말씀일지라도, 십자가가 없으면 죽은 지식을 전하는 것이 될 뿐입니다. 아무리 가슴을 뭉클하게 하는 찬양일지라도 십자가가 빠진 것은 혼적인 열정일 뿐 그 안에 성령의 기름부으심은 없습니다. 예수 그리스도의 십자가로 하지 않는 것에는 사람의 영혼을 살리는 예수 그리스도의 생명과 은혜도 없기 때문입니다. 그런 것으로는 사람을 기쁘게 할 수는 있어도 하나님을 기쁘시게 할 수는 없습니다.

로마서 8:7
육신의 생각은 하나님과 원수가 되나니 이는 하나님의 법에 굴복하지 아니할 뿐 아니라 할 수도 없음이라
로마서 8:8
육신에 있는 자들은 하나님을 기쁘시게 할 수 없느니라

육신에 속한 일은 하나님과 원수가 됩니다. 예수 그리스도의 십자가가 아니고는 아무리 열정적인 예배, 뜨거운 찬양이라 할지라도 하나님을 기쁘시게 할 수 없습니다. 십자가의 보혈이 아니고는 그 무엇으로도 하나님의 의에 이를 수 없기 때문입니다. 사람으로부터 나온 모든 것은 장차 맞게 될 하나님의 심판대 앞에서는 모두 불에 타 없어질 지푸라기 같은 것입니다. 우리는 자기 자신을 의지하려는 지푸라기 같은 자기 의를 버리고 예수 그리스도의 십자가만을 의지하는

갈보리로 나가야 합니다.

시내산 신앙의 실제

나무는 그 열매로 알 수 있듯이 우리 신앙의 실제도 그 사람에게 나타나는 열매를 통해 알 수 있습니다. 시내산 신앙에 나타나는 열매를 통해 시내산 신앙의 실제를 알 수 있습니다.

두려움

시내산 신앙의 결과로 나타나는 열매는 두려움입니다. 그들은 하나님과 인격적인 관계성이 없이 단지 두려움으로 하나님을 섬깁니다. 그들이 섬기는 하나님은 가까이 할 수 없는 무서운 하나님입니다. 그들이 하나님을 섬기는 동기는 무서운 하나님의 심판을 받지 않는 데 있습니다. 그렇기에 항상 잘하지 못한 것에 대한 죄책감과 책망받을 것에 대한 두려움이 있습니다. 시내산에서는 하나님께 가까이 갈수록 더 두려운 하나님을 만나게 됩니다. 하나님께 가까이 가면 죽기 때문입니다. 하나님을 멀리서 두려워하는 마음으로 바라만 볼 뿐 하나님과 가까이 하며 친밀한 관계를 가지는 것은 어렵습니다.

출애굽기 19:12

너는 백성을 위하여 주위에 경계를 정하고 이르기를 너희는 삼가 산에 오르거나 그 경계를 침범하지 말지니 산을 침범하는 자는 반드시 죽임을 당할 것이라

출애굽기 19:16

셋째 날 아침에 우레와 번개와 빽빽한 구름이 산 위에 있고 나팔 소리가 매우
크게 들리니 진중에 있는 모든 백성이 다 떨더라

출애굽기 19:21

여호와께서 모세에게 이르시되 내려가서 백성을 경고하라 백성이 밀고 들어와
나 여호와에게로 와서 보려고 하다가 많이 죽을까 하노라

하나님이 백성들과 가까이 임재하시는 산에는 하나님의 무서운
경고의 말씀으로 가득합니다. "산에 오르지 말라, 그 경계를 침범하
지 말라, 반드시 죽임 당할 것이라, 모든 백성이 다 떨더라, 백성을 경
고하라, 많이 죽을까 하노라" 등 무서운 경고와 심판한다는 말만 있
습니다. 거기에는 사랑, 용서, 친밀한 교제, 기쁨, 자유 같은 말을 찾아
볼 수 없습니다. 백성들에게 있어 하나님께 가까이 가는 것은 즐거움
이 아닌 두려움 그 자체였습니다. 그들에게는 하나님의 말씀을 듣는
것이 기쁨이나 은혜가 아니라 두려움과 부담입니다. 그 말씀을 지키
지 못하면 심판받기 때문입니다. 심지어 모세도 하나님을 가까이 할
때는 심히 두려워 떨었다고 했습니다.

히브리서 12:19

나팔 소리와 말하는 소리가 있는 곳에 이른 것이 아니라 그 소리를 듣는 자들
은 더 말씀하지 아니하시기를 구하였으니

히브리서 12:20

이는 짐승이라도 그 산에 들어가면 돌로 침을 당하리라 하신 명령을 그들이 견디지 못함이라

히브리서 12:21

그 보이는 바가 이렇듯 무섭기로 모세도 이르되 내가 심히 두렵고 떨린다 하였느니라

하나님으로부터 직접 율법을 받은 모세조차도 이토록 두렵게 떨었으니 일반 백성들은 더 말할 나위도 없습니다. 하나님이 정한 경계를 범할 시에 짐승이라도 죽임을 당하는 그 두려운 하나님의 말씀을 견딜 수 없었기에 더 말씀하시지 않기를 구했습니다. 이렇듯 율법 아래서는 심판의 두려움에서 벗어날 수 없습니다.

율법 아래에서는 하나님을 섬기는 일에 평안과 기쁨과 친밀한 사랑이 없습니다. 참 기쁨과 자유함이 없이 끊임없이 잘해야 된다는 압박감만 있습니다. 신앙이 즐거운 헌신이 아니라 억지로 하는 무거운 짐이요 힘든 노동이 됩니다. 하나님께 대한 감사와 사랑으로 하는 것이 아니라 하지 않으면 안 되는 두려움 때문에 무거운 짐을 지고 고통스러운 일을 해내는 것입니다.

이렇게 시내산에서 하는 신앙은 심판에 대한 두려움에 떠밀려 억지로 하는 중노동입니다. 하나님에 대한 감사와 사랑에서 우러나온 것이 아니기에 마음에 평안과 기쁨, 자유함이 없습니다.

이런 신앙은 비인격적이며 일 중심적으로 변질될 수밖에 없습니다. 하나님을 사랑하지도 않으면서 교회 일에 충성합니다. 예수님을 만난 경험이 없어도 예수님의 사역에 헌신합니다. 심판이 두려워 열심히 노동을 하기 때문에 그 얼굴에 기쁨과 감사는 찾아볼 수 없고 지치고 어두운 모습 뿐입니다. 오직 우리 죄의 짐을 다 짊어지신 예수 그리스도의 십자가에서만 그 무거운 짐이 벗어질 수 있습니다.

사망

시내산 신앙의 결과로 주어지는 궁극적인 열매는 사망입니다. 시내산 신앙은 힘들게 수고하며 율법을 지키려 하지만 결국은 다 지키지 못하고 그 죄 때문에 죽게 됩니다.

고린도전서 15:56

사망이 쏘는 것은 죄요 죄의 권능은 율법이라

율법 아래 있는 사람은 모두 자기 죄 때문에 죽을 수밖에 없습니다. 율법으로는 아무도 자기 죄 문제를 해결할 수 없기 때문입니다. 죽도록 율법에 충성하지만 결국 그 사람은 자기가 섬긴 그 율법에 의해 죽임을 당하는 것이 율법주의자들의 비참한 종말입니다.

잘못된 신앙은 잘못된 열매를 맺습니다. 신앙생활을 할수록 더 무거운 부담과 두려움이 주어진다면 율법이라는 짐을 지고 있기 때문입니다. 십자가의 죄사함과 구원에 확신이 없이 무거운 짐을 지고 있다면 시내산에서 내려와 갈보리로 올라가야 합니다.

갈보리 신앙

갈보리 신앙의 출발은 예수 그리스도입니다. 그리고 갈보리 신앙의 핵심은 예수 그리스도의 은혜입니다. 그 은혜의 중심은 십자가에서 흘리신 예수님의 피입니다. 예수님의 피가 없으면 십자가는 아무것도 아닙니다. 예수님의 피 때문에 십자가에 능력이 있습니다. 그 피가 우리를 율법의 저주에서 속량했기 때문입니다. 갈보리 신앙은 오직 예수 그리스도의 보혈만 의지합니다. 내 힘이나 내 노력이 아닌 예수님의 십자가 능력만 의지합니다. 주님이 십자가에서 우리를 위해 이미 모든 것을 이루어 놓으셨기 때문입니다. 예수님은 갈보리에서 우리가 감당해야 될 모든 죄의 짐을 다 감당하셨습니다. 그것을 위해 우리가 한 것은 아무 것도 없습니다. 예수님이 전적으로 우리를 위해 100% 다 이루셨습니다. 우리가 해야 할 것은 오직 그 은혜를 믿는 믿음으로 사는 것 뿐입니다. 이것이 은혜 위에 은혜입니다.

갈보리 신앙은 예수 그리스도의 십자가에서 시작합니다. 십자가의 은혜가 아니면 우리는 아무것도 할 수 없습니다. 이 은혜로만 우리가 살아갈 수 있습니다.

갈보리 신앙의 특징

갈보리 신앙의 특징은 예수 그리스도께서 십자가에서 이루신 보혈의 은혜로만 사는 것입니다. 내 힘이나 내 노력이 아닌 오직 예수님의 십자가 은혜만 의지합니다. 주님이 십자가에서 이미 나를 위해 모든 것을 이루어 놓으셨기 때문입니다. 나는 다만 그 예수 그리스도를 믿는 믿음으로 사는 것뿐입니다. 이것이 시내산 신앙과 갈보리 신앙의 차이점입니다.

시내산 신앙의 주체는 자기 자신인 '나'입니다. 내가 이것도 하고, 저것도 합니다. 자기가 주인이 되어 모든 것을 계획하고 결정해서 자신이 다 하는 신앙입니다. 그 결과 모든 공로와 영광도 자기가 취합니다. 내가 주체가 되어 한 모든 것이 나의 의와 자랑이 됩니다. 그곳에는 예수님이 계실 곳이 없습니다. 예수님이 없이도 자신이 모든 것을 다 잘 할 수 있다고 생각하기 때문입니다.

반면 갈보리 신앙의 주체는 '예수 그리스도'입니다. 거기에는 나는 없고, 오직 예수 그리스도만 있습니다. 나의 옛 사람은 이미 2,000년 전에 예수님과 함께 십자가에 못 박혀 죽었기 때문입니다.

갈라디아서 2:20

내가 그리스도와 함께 십자가에 못 박혔나니 그런즉 이제는 내가 사는 것이 아니요 오직 내 안에 그리스도께서 사시는 것이라 이제 내가 육체 가운데 사는 것

은 나를 사랑하사 나를 위하여 자기 자신을 버리신 하나님의 아들을 믿는 믿음 안에서 사는 것이라

이제 내가 할 수 있는 것은 십자가에 못 박힌 예수 그리스도를 믿는 믿음 안에서 사는 것뿐입니다. 그것이 하나님의 은혜입니다. 아직 자기 자신이 죽지 않고 살아있는 사람은 자기가 자기 일을 합니다. 그러나 예수 그리스도의 사람은 나는 이미 십자가에 죽고 오직 내 안에 살아계신 예수님만 일하십니다.

율법 아래 있는 사람은 예수 그리스도로부터 주어지는 이 은혜를 모릅니다. 그들도 은혜를 받고자 하지만, 그 은혜마저도 자기 노력으로 받으려고 하기에 오히려 은혜에서 떨어집니다. 자기가 행한 정당한 노력의 보상으로 은혜를 받으려 하기 때문입니다. 그러나 자기 노력으로 얻은 것은 수고한 것에 대한 대가로 받는 삯일뿐 은혜와 거리가 먼 것입니다. 하나님의 은혜를 받으려고 열심히 일하는 그 순간 은혜는 저 멀리 사라져 버립니다. 은혜는 자기 공로나 자격에 대한 대가로 받는 것이 아니라 값없이 주어지는 하나님의 자비의 선물이기 때문입니다.

율법은 정의와 공평을 주장합니다. 그러나 공평과 정의로 신앙하려는 사람은 주님의 십자가 은혜를 아는 것이 어렵습니다. 은혜는 사

람들이 생각하는 공평하고 정의로운 것과는 반대의 개념이기 때문입니다. 세상에서 가장 부당하고 불의하며 불공평한 것이 있다면 그것은 바로 예수님의 십자가 죽음일 것입니다. 아무 죄도 없으신 하나님의 아들이 수많은 죄를 지은 죄인들에 의해 불공평한 재판을 받아 불공평하게 죽으셨기 때문입니다. 그것도 자기 죄가 아닌 다른 죄인들의 죄를 대신해서 채찍에 매를 맞고, 손과 발에 못이 박힌 채 피를 흘리고, 사람들로부터 조롱당하고, 멸시받으셨습니다. 예수님이 받으신 그 불공평한 죽음 때문에 우리는 도리어 가장 불공평한 은혜를 받게 되었습니다.

정의와 공평을 주장하는 율법주의자들이 가장 정의롭고 가장 공평하신 예수 그리스도를 가장 불공평하고 불의한 방법으로 죽이는 일을 했습니다. 그들이 주장하는 정의와 공평이야 말로 가장 불의한 정의요, 지극히 불공평한 것이었습니다.

율법은 자기 노력이라는 값지불에 대해 정당하고 공평한 대우를 받고자 합니다. 자기가 노력한 것에 대한 대가가 없으면 상처받고 분노하며 실족합니다. 부당한 대우에 대해 억울해서 남을 미워하고 대적합니다. 이런 사람은 하나님을 대할 때도 자기가 이룬 자격의 대가로 하나님의 은혜를 받고자 합니다. 그래서 노력한 것도 없고, 받을 자격도 없는 죄인들이 은혜를 받는 것을 불공평하게 여깁니다. 그런 사람은 은혜로 신앙하는 것을 이해하지 못하고 인정하지 못하기 때문입니다.

하나님의 은혜는 자기가 노력하지 않은 것을 그냥 값없이 받는 것입니다. 일하지 않고 값없이 받기에 그것이 은혜가 되는 것이며, 그렇기 때문에 더욱 감사하고 기쁜 선물이 됩니다. 그래서 그 은혜가 고마워서 자원하는 마음과 기쁨으로 주님을 섬기게 됩니다. 자기 의로 사는 사람은 하나님을 위해 열심히 노력하고 헌신하는 정당성은 있는데 그에 비해 주어지는 하나님의 은혜는 없습니다. 그러나 죄인에게는 어떤 자격이나 노력한 정당성은 없는데 하나님의 은혜가 있습니다. 이것이 율법으로 하는 신앙과 은혜로 하는 신앙의 차이입니다.

자신의 신앙이 정당한 대가를 기준으로 하고 있는지, 자격없는 자에게 주시는 은혜로 하는 신앙인지를 생각해보시기 바랍니다. 아직도 신앙에 옳고 그름을 따지며 자신의 정당성을 주장하는 사람은 예수 그리스도의 은혜에 있지 않고 율법 아래 있는 것입니다. 잘못된 것, 틀린 것, 부당한 것을 용납하지 못하는 곳에는 자기가 주장하는 정의만 있고 하나님의 은혜는 없습니다.

율법주의자들은 예수님의 십자가의 은혜를 멸시합니다. 받을 자격이 없는 죄인에게 거저 주시는 은혜는 부당한 것으로 생각하기 때문입니다. 그래서 자기보다 못한 사람이 은혜 받는 모습을 보고 억울해하며 미워하고 판단합니다.

언젠가 새벽에 초등학교 운동장의 축구 골대 그물에 걸려있는 고양이를 본 적이 있습니다. 그물망에 걸려있는 고양이는 밤새 벗어나려고 안간힘을 쓴 것처럼 보였습니다. 얼마나 발버둥을 쳤는지 그물이 이리 저리 뒤엉켜 고양이의 온 몸을 감고 있었습니다. 사람들이 구해주려고 다가가자 그 고양이는 무서운 공격 자세로 접근을 못하게 대항했습니다. 그렇게 고양이가 자기 힘으로 빠져나오려고 발버둥 칠수록 그물은 더 꼬여만 갔습니다. 결코 자기 힘으로 빠져나올 수 없는데도 그것을 도와주려는 사람의 도움을 뿌리친 채 기진해가고 있었습니다.

이것이 율법주의자들의 모습과 같습니다. 율법이라는 그물에 걸려 평생 빠져나오려고 애쓰지만 그럴수록 더 엉켜서 갇히게 됩니다. 자기 스스로는 그 율법의 그물에서 빠져 나올 수 없음을 인정하고 도움을 청해야 합니다. 오직 예수 그리스도만이 그 율법의 그물에서 우리를 구원하실 수 있습니다.

율법이 주장하는 정의와 공평은 율법주의자들의 영혼을 메마르게 합니다. 그들은 값없이 거저 주시는 하나님의 은혜를 비웃고 인정하지 않습니다. 예수님은 하나님의 은혜가 무엇인지 모르는 율법주의자들을 일깨워 주시기 위해 포도원에 일하는 일꾼을 비유로 설명하셨습니다.

주인은 아침 일찍 인력 시장에 나가 자기 포도원에 일할 사람을 불러 일을 하게 했습니다. 그 일꾼들 중에는 아침 일찍부터 와서 하루 종일 일한 사람도 있고, 오전 9시, 12시, 오후 3시에 와서 일한 사람도 있었습니다. 그리고 오후 5시 저녁 무렵에 가장 늦게 와서 한 시간만 일한 사람도 있었습니다. 하루 일과 후 주인이 하루 품삯을 계산해서 주었습니다. 먼저 가장 나중에 와서 한 시간밖에 일하지 않은 사람에게 하루 품삯인 한 데나리온을 다 주었습니다. 그것을 보고 여섯 시간 일한 사람은 여섯 데나리온을 받을 줄로 생각하고 있었을지 모릅니다. 하지만 그도 한 데나리온을 받았습니다. 더구나 하루 종일 열두 시간 일한 사람도 주인은 똑같이 한 데나리온만 주었습니다. 이것은 한 시간 일한 사람에게는 은혜요, 열 두 시간 일 한 사람에게는 불공평한 것처럼 보입니다. 그래서 먼저 온 사람이 주인에게 불평했습니다. 자기는 먼저 와서 하루 종일 수고하며 더위를 견디며 고생했는데 늦게 와서 한 시간 일한 사람과 똑같이 한 데나리온을 주는 것은 불공평 하다고 항의했습니다.

그때 주인은 그에게 원래 약속한 대로 하루 품삯인 한 데나리온을 주었기 때문에 잘못된 것이 없다고 대답했습니다. 공평과 정당한 대가를 주장하는 그에게는 주인이 그가 일한 것에 대해 공평하고 정당한 하루 품삯을 주었다는 것을 말한 것입니다. 그러나 나중에 온 사람에게는 비록 12시간 일하지 않았지만 그에게도 한 데나리온을 주었습니다. 첫 번째 사람이 보기에 공평하지 않은 것처럼 보이지만 이것이 일하지 않은 자에게 주인이 베푸시는 은혜일 뿐 불공평한 것이 아닙니다. 주인이 자기 것으로 자기 원하는 자에게 은혜를 베푼 것입니다. 이렇게 옳고 그름을 따지며 정당성을 주장하는 사람에게는 하나님의 은혜를 불공평한 것으로 여깁니다. 은혜의 개념을 모르기 때문입니다.

교회 안에서 자기 노력한 만큼 공평한 대우를 받고자 하는 사람은 결국 하나님께 불만을 품고 실망할 수밖에 없습니다. 예수님은 1시간 일한 자에게 12시간 일한 자와 같은 은혜를 베푸시기 때문입니다.

율법으로 하는 신앙은 자기 노력으로 한 만큼 그 대가를 받아야 하고, 남에게 받은 만큼만 주고자 합니다. 그것이 공평하다고 생각하기 때문입니다. 그래서 자기가 한 만큼 대우를 받지 못할 때 불평과 불만으로 피해의식을 가집니다. 하나님이 불공평하다고 생각하기 때문입니다. 비록 자기가 한 것에 대해 대가를 받는다 해도 그에 대한 감사나 기쁨은 크지 않습니다. 마땅히 받아야 하는 대가일 뿐이기에 당연시하기 때문입니다.

자신의 신앙이 자기가 한 것에 대한 정당한 대가를 목적으로 하고 있는지, 자격없고 일하지 않는 자에게 그저 주시는 은혜로 하는 신앙인지를 돌아보시기 바랍니다. 아직도 신앙에 옳고 그름을 따지며 자신의 정당성을 주장하는 사람은 예수 그리스도의 은혜에 있지 않고 율법 아래 있는 사람입니다. 잘못된 것, 틀린 것, 부당한 것을 용납하지 못하는 곳에는 자기 의를 내세우는 정의는 있을지 몰라도 죄인에게 주시는 하나님의 은혜는 없습니다.

이런 사람은 자기 정당성을 주장하는 시내산을 내려와 불의한 죄인을 값없이 의롭다고 해주시는 예수 그리스도의 은혜의 보좌로 나가야 합니다.

갈보리 신앙의 실제

예수님은 시내산에서는 도저히 할 수 없는 것을 갈보리에서 다 이루셨습니다. 시내산의 율법은 죄인을 정죄해서 죽게 하지만, 갈보리의 십자가는 죄인을 의롭다고 해주십니다. 갈보리에서는 율법이 더 이상 우리를 정죄할 수 없습니다. 예수님의 십자가의 보혈이 우리를 모든 죄에서 자유케 하셨기 때문입니다.

요한복음 8:32
진리를 알지니 진리가 너희를 자유롭게 하리라

진리되신 예수 그리스도를 알게 될 때 율법에서 자유하게 됩니다. 예수 그리스도께서 우리를 율법의 정죄에서 의롭게 하셨기 때문입니다. 그러므로 예수 그리스도 안에서는 우리의 어떤 죄와 허물로도 정죄를 받지 않습니다. 자기 자신이 스스로 죄책감을 가지거나 정죄감에 괴로워할 수는 있지만, 예수님은 결코 우리를 정죄하지 않으십니다. 진리 되신 예수 그리스도의 은혜 안에서는 그 어떤 것도 우리를 속박하거나 정죄할 수 없습니다. 하나님이 이미 우리를 의롭다고 하셨기 때문입니다. 그러므로 예수 그리스도의 은혜로 신앙하는 사람은 비록 넘어지거나 실패해도 기쁨과 자유함을 누릴 수 있습니다.

컵을 깨뜨린 두 아이를 생각해 볼 수 있습니다. 한 아이는 엄마의 눈치를 보며 무슨 말이 나오기도 전에 이미 긴장하고 두려워합니다. 평소에 잘못한 것에 대해 늘 혼나고 야단맞은 경험이 있기 때문입니다. 그래서 자기의 실수로 인해 자기를 정죄하며 죄책감에 빠집니다. 그런데 다른 아이는 컵을 깨 놓고도 엄마를 보며 천진난만하게 웃고 있습니다. 평소 엄마로부터 실수나 잘못을 용납받은 경험이 있기 때문입니다. 그로 인해 이 아이는 비록 자기가 잘못했는데도 엄마가 자신을 용서해주는 것을 믿는 것입니다.

예수 그리스도 안에 있는 사람은 죄를 지을 때 벌 받을까 두려워 떠는 죄의 종이 아닙니다. 비록 실수하고 넘어질지라도 예수 그리스도의 십자가로 그 죄에서 용서받은 하나님의 자녀입니다. 이렇듯 율법은 죄인을 정죄하지만 은혜는 죄인을 용서합니다. 우리가 힘들어 할 때마다 율법은 더 열심히 노력하라고 말합니다. 그러나 은혜는 내가 이미 다 이루어 놓았으니 너는 내 안에서 쉬라 고 말씀합니다. 율법으로는 아무리 열심히 노력해도 두려움에서 벗어날 수 없지만, 은혜 안에서는 넘어지고 실패해도 기쁨과 자유함을 줍니다. 율법은 의무적인 일로서 하나님을 섬기게 하지만, 은혜는 예수님의 사랑과 은혜에 감사하는 마음으로 자원해서 하나님을 섬기게 합니다. 이제 우리는 하나님을 노예같이 무섭고 두려운 관계로 섬기는 것이 아니라 아들로서 자유롭고 친밀한 사랑의 관계 안에서 섬기게 되었습니다.

신앙에는 두 길이 있습니다. 하나는 시내산으로 올라가는 율법주의 신앙입니다. 다른 하나는 갈보리로 올라가는 예수 그리스도의 십자가 신앙입니다. 시내산 신앙은 자기 노력으로 죄 문제를 해결하려고 하는 자기 의가 강한 사람들이 가는 길입니다. 그는 매일 새벽부터 밤까지 하나님 앞에 죄를 짓지 않기 위해 힘든 종교라는 노동을 해야 합니다. 그로 인해 그의 얼굴은 경직되어 있고, 두려움과 낙심으로 가득 차 있으며, 몸은 항상 피곤하여 지친 상태에 있습니다.

갈보리로 올라가는 신앙은 자기 힘으로 아무 것도 할 수 없음을 인정하는 겸손한 사람들이 가는 길입니다. 그들은 오직 자기의 모든 죄를 다 해결해주신 예수 그리스도의 십자가만을 의지하고 나갑니다. 죄인들에게는 갈보리 외에 소망이 없음을 믿기 때문입니다. 그런 사람은 비록 자기 인생에 실패가 와도 그 얼굴에는 기쁨과 소망이 있습니다. 그 안에 예수 그리스도로부터 주어지는 은혜가 있기 때문입니다.

　이 두 신앙은 서로 갈등 관계에 있습니다. 시내산으로 가는 사람은 갈보리에서 주어지는 은혜로만 살려고 하는 사람을 조롱하고 핍박하기 때문입니다. 그들은 죄인에게 값없이 주시는 하나님의 불공평한 은혜에 대해 불만이 가득합니다. 자기보다 못한 사람에게 하나님의 사랑과 은혜가 더 많이 주어지는 것을 인정하기 어렵기 때문입니다. 사람들이 죄를 짓고도 은혜를 받고 기뻐하는 것을 보고 정죄 판단하며 분노합니다. 결국 그들은 하나님이 죄 없다고 하시며 정죄하지 않는 사람을 판단하고 정죄하는 그 죄로 인해 고통을 받게 됩니다. 이들은 죄인에게 베푸시는 하나님의 무조건적인 용서와 사랑을 이해하지 못합니다.

　그런 사람들은 교회 안에서 예수 그리스도의 은혜를 막고 율법의 저주 아래 있게 합니다. 그래서 교회 안에 십자가의 은혜를 지키기 위해서는 그런 율법적인 것을 쫓아내야 합니다. 아무도 예수님의 피로 깨끗하게 하신 사람을 정죄할 수 없기 때문입니다. 성경은 율법주의에서 벗어나는 방법을 다음과 같이 말씀합니다.

갈라디아서 5:18
너희가 만일 성령의 인도하시는 바가 되면 율법 아래에 있지 아니하리라 우리가 성령의 인도하심을 받으면 율법의 저주에서 풀려 나올 수 있습니다. 이제 율법의 문자를 따라 사는 종교생활에서 벗어나 성령을 따라 살아야 합니다. 그러면 우리가 육신의 연약함으로 인해 할 수 없는 그것을 성령께서 도와주십니다. 성령 안에 거할 때 모든 율법의 묶임에서 우리는 자유하게 될 것입니다.

신앙에는 두 길이 있습니다. 하나
는 시내산으로 올라가는 율법주의
신앙입니다. 다른 하나는 갈보리로
올라가는 예수 그리스도의 십자가
신앙입니다.

나누어 보기

1. 율법으로 다스리던 구약의 역사가 왜 실패했는지 나누어 보세요.

2. 시내산 신앙의 특징이 무엇이며, 내 안에 그런 것이 있다면 나누어 보세요.

3. 시내산 신앙에서 나타나는 열매가 무엇인가요?

4. 율법으로 하는 신앙과 은혜로 하는 신앙의 차이가 무엇이며, 자신이 어떤 신앙을 하고 있는지를 나누어 보세요.

5. 예수 그리스도 안에서 하는 갈보리 신앙의 특징에 대해 나누어 보세요.

히브리서 7:18-19

¹⁸ 전에 있던 계명은 연약하고 무익하므로 폐하고 ¹⁹ (율법은 아무 것도 온전하게 못할지라) 이에 더 좋은 소망이 생기니 이것으로 우리가 하나님께 가까이 가느니라

4

chapter

새 언약을 주신 하나님

　율법은 하나님이 주신 거룩하고 선한 것입니다. 하지만 죄인들에게는 그림의 떡과 같습니다. 그림의 떡은 아무리 맛있게 보여도 실제로는 먹을 수 없습니다. 율법을 다 지키면 엄청난 복이 주어지지만 그 율법을 완벽하게 지킬 수 있는 사람은 아무도 없다는 것이 문제입니다. 게다가 율법을 지키지 못하면 대대로 저주가 주어지는 것이 더 큰 문제입니다.

　하나님은 우리를 위해 율법을 주셨음에도 그 율법 때문에 우리가 저주받는 것을 원하지 않으셨습니다. 그래서 하나님은 이처럼 불완전한 첫 언약을 개혁하여 새 언약을 주시기로 이미 계획하셨습니다.

예레미야 31:31

여호와의 말씀이니라 보라 날이 이르리니 내가 이스라엘 집과 유다 집에 새 언약을 맺으리라 하나님은 약속대로 새 언약을 내셨고, 예수님은 그 새 언약을 이루기 위해 이 땅에 오셨습니다. 그런데 예수님이 오셔서 새 언약을 말씀하실 때 바리새인들은 예수님의 말씀을 대적하고 거부했습니다. 그들은 예수님이 하시는 새 언약을 이해하지 못하여 예수님이 율법을 범하며 폐한다고 생각했기 때문입니다. 예수님은 이런 바리새인들에게 자신이 율법을 폐하러 온 것이 아니라 오히려 완전하게 하러 왔다고 하셨습니다.

마태복음 5:17
내가 율법이나 선지자를 폐하러 온 줄로 생각하지 말라 폐하러 온 것이 아니요 완전하게 하려 함이라
마태복음 5:18
진실로 너희에게 이르노니 천지가 없어지기 전에는 율법의 일점 일획도 결코 없어지지 아니하고 다 이루리라

천지가 없어지기 전에는 율법의 일점일획도 없어지지 않고 다 이루어진다고 하신 것은 새 언약의 방식으로 율법을 이루신다는 뜻입니다. 옛 언약의 방식으로는 결코 이룰 수 없는 그 율법을 새 언약의 방식으로만 온전히 이룰 수 있기 때문입니다. 그러므로 이제 우리는 옛 언약의 방식으로 살지 않고 예수 그리스도가 이루신 새 언약의 방식으로 살아야 합니다.

새 언약이 필요한 이유

하나님께서 새 언약을 주신 이유는 이스라엘 백성들이 첫 언약인 율법을 온전히 지키지 못하고 깨뜨렸기 때문입니다. 하나님은 그것을 예레미야 선지자를 통해 미리 말씀하셨습니다.

예레미야 31:31
여호와의 말씀이니라 보라 날이 이르리니 내가 이스라엘 집과 유다 집에 새 언약을 맺으리라

예레미야 31:32
이 언약은 내가 그들의 조상들의 손을 잡고 애굽 땅에서 인도하여 내던 날에 맺은 것과 같지 아니할 것은 내가 그들의 남편이 되었어도 그들이 내 언약을 깨뜨렸음이라 여호와의 말씀이니라

이스라엘 백성들은 시내산에서 하나님과 율법을 지키겠다는 언약을 맺었습니다. 그런데 이스라엘은 하나님과 맺은 이 언약을 지키지 못하고 깨뜨렸습니다. 그 결과로 죽음과 심판이 주어질 수밖에 없었습니다. 하나님은 이스라엘 백성들이 죽는 것을 원하지 않으셔서, 그들을 살릴 새 방법을 내셨는데 그것이 바로 새 언약입니다.

어떤 제도가 온전하면 새롭게 고칠 필요가 없습니다. 그러나 그것이 불완전하면 고쳐서 더 좋은 방법으로 바꿔야 합니다. 하나님은 이스라엘 백성들이 지킬 수 없는 언약으로 죽는 것보다 그들이 지킬 수

있는 새 언약을 주시고자 했습니다.

히브리서 8:7

저 첫 언약이 무흠하였더라면 둘째 것을 요구할 일이 없었으려니와

히브리서 8:8

그들의 잘못을 지적하여 말씀하시되 주께서 이르시되 볼지어다 날이 이르리니 내가 이스라엘 집과 유다 집과 더불어 새 언약을 맺으리라

히브리서 8:9

또 주께서 이르시기를 이 언약은 내가 그들의 열조의 손을 잡고 애굽 땅에서 인도하여 내던 날에 그들과 맺은 언약과 같지 아니하도다 그들은 내 언약 안에 머물러 있지 아니하므로 내가 그들을 돌보지 아니하였노라

하나님이 주신 첫 번째 언약은 인간의 연약함으로 인해 하나님의 의에 이르는 데는 흠이 많았습니다. 하나님은 우리를 위해 부족한 언약을 개혁하기로 작정하시고 첫 언약을 폐하셨습니다. 그리고 예수 그리스도를 통해 더 좋은 새 언약을 주셨습니다.

히브리서 7:18

전에 있던 계명은 연약하고 무익하므로 폐하고

이 땅에 예수 그리스도가 오심으로 인해 첫 언약의 율법은 폐해졌

습니다. 그러므로 하나님이 폐하신 옛 것에 더 이상 매여있을 이유가 없습니다. 이제 우리는 낡은 율법이 아니라 하나님이 주신 더 좋은 새 언약으로 살아야 합니다.

새 언약으로 새로운 신앙을 하기 위해 먼저 폐해질 수밖에 없었던 율법의 연약함과 무익함이 무엇인지 알아보고자 합니다.

온전히 지킬 수 없음

옛 언약의 율법은 사람이 아무리 노력해도 온전히 지킬 수 없는 문제가 있습니다. 그 율법은 단지 죄를 깨닫게 하는 역할에 그칠 뿐입니다.

로마서 3:20
그러므로 율법의 행위로 그의 앞에 의롭다 하심을 얻을 육체가 없나니 율법으로는 죄를 깨달음이니라

율법의 기능은 죄를 깨닫게 하는 데 있습니다. 율법의 한계는 율법으로 깨닫게 한 죄를 해결할 능력이 없는 것입니다. 이것이 옛 언약의 한계입니다. 그래서 율법으로 사는 사람은 하나님의 말씀을 통해 자기 죄를 깨닫기는 하는데 그 죄 문제를 해결하지는 못합니다. 말씀을 통해 자기 죄로 인해 양심에 찔림을 받지만 그것으로 그칩니다. 항상 죄책감만 가질 뿐 실제적인 변화는 없습니다. 이것이 율법주의 신앙

의 실제입니다.

반면 아직 하나님의 말씀을 알지 못함으로 인해 자기 죄를 깨닫지 못하는 사람도 있습니다. 다른 사람의 죄는 잘 보는데 정작 자기가 죄인인 것을 알지 못합니다. 이런 사람들에게는 여전히 율법이 필요합니다. 율법을 통해 자기 죄를 깨달아야 예수 그리스도께 나갈 수 있기 때문입니다.

죄를 없이 못함

구약에서는 죄를 해결하기 위해 매년 속죄일에 대제사장이 짐승의 피로 제사를 드렸습니다. 그러나 황소와 염소의 피는 근본적으로 우리의 죄를 없이 하지는 못합니다. 단지 죄를 덮어 가려놓을 뿐입니다.

히브리서 10:3
그러나 이 제사들에는 해마다 죄를 기억하게 하는 것이 있나니
히브리서 10:4
이는 황소와 염소의 피가 능히 죄를 없이 하지 못함이라

짐승의 피로 제사를 드릴 때마다, 없어지지 않은 그 죄를 다시 기억하게 할 뿐 죄 자체는 없어지지 않습니다. 이와 같이 예배라는 종교 의식을 통해서는 우리의 죄를 깨닫게 해줄 수는 있어도 근본적인 죄가 저절로 없어지지 않습니다. 거룩한 예배나 종교적인 봉사를 통해

죄 문제를 덮고자 하는 율법적인 생각은 버려야 합니다. 오직 예수 그리스도의 십자가 보혈 외에는 그 무엇으로도 죄를 없앨 수 없습니다. 어떤 짐승의 피로도 우리의 죄를 없이 못하기 때문에 예수님이 십자가에 달리셔야만 했습니다. 예배를 통해 죄를 깨달으면서도 예수 그리스도께 나오지 않는 그것이 가장 큰 죄입니다. 자신에게 주어진 죄를 해결할 수 있는 은혜의 기회를 스스로 거부하기 때문입니다.

양심을 온전하게 하지 못함

옛 언약은 송아지와 염소의 피로 속죄의 제사를 드립니다. 그런 옛 언약의 제사로는 우리 내면의 양심을 깨끗하게 할 수 없습니다. 율법의 행위는 사람의 겉 행동에만 영향을 줄 뿐 속사람을 깨끗하게 할 수는 없습니다.

히브리서 9:9
이 장막은 현재까지의 비유니 이에 따라 드리는 예물과 제사는 섬기는 자를 그 양심상 온전하게 할 수 없나니

율법주의적인 신앙을 하는 사람은 예배와 예물은 열심히 드리는데 그 속에 인격은 변하지 않은 채 그대로입니다. 이것이 우리의 속사람을 바꾸지 못하는 옛 언약인 율법의 한계입니다. 율법적으로 신앙하면 양심이 깨끗해지기는커녕 더 완고해집니다. 율법에 의해 예물

과 제사를 많이 드릴수록 그것이 자기 의가 되기 때문입니다. 자기 의는 우리의 양심을 완고하게 하며 더럽게 합니다. 하나님을 위해 열심을 다하면서도 자기 속에 양심이 깨끗하게 되지 않고 인격이 변하지 않는다면 그 옛 언약의 신앙에 개혁이 필요합니다.

반복하는 제사

옛 언약은 죄를 지을 때마다 속죄하는 제사를 매번 반복해야만 합니다.

히브리서 10:11

제사장마다 매일 서서 섬기며 자주 같은 제사를 드리되 이 제사는 언제나 죄를 없게 하지 못하거니와

율법의 행위로는 죄가 없어지지 않습니다. 한 번 속죄제를 드린다고 해서 그 죄가 없어지는 것이 아니기 때문에 다음에 같은 죄를 또 짓게 됩니다. 죄를 지을 때마다 그 죄를 속죄하는 제사를 계속 반복해서 드려야 합니다. 그래서 율법주의 신앙을 하면 교회를 오래 다니는데도 죄가 끊어지지 않습니다. 예배를 계속 드리지만 같은 죄를 반복해서 짓게 됩니다. 예수 그리스도의 피가 없는 예배로는 근본적인 죄 문제를 해결할 수 없습니다.

하나님께 가까이 나가지 못함

옛 언약 안에서는 하나님께 가까이 나가면 죽게 됩니다. 이로 인해 하나님 앞에 나가는 것이 두렵고 무서운 일이 됩니다. 그래서 가능하면 하나님과는 거리를 두고 멀리 떨어질수록 안전하다고 생각합니다. 이런 관계에서는 하나님을 기쁨과 감사로 섬기는 것보다 심판이 무서워 노예와 같이 의무적으로 섬기는 관계가 됩니다.

옛 언약의 사람들에게 예배는 은혜로운 축제가 아닌 힘든 노동일 뿐입니다. 주일 예배를 드리고 나면 기쁨이 넘치고 영혼에 쉼이 되는 것이 아니라 지치고 피곤해서 집에 가서 쉬는 것으로 육체적인 안식을 취하려고 합니다. 주일 예배만 잠깐 드리고 일주일 내내 하나님과 되도록 멀리 지내려고 합니다.

이와 같이 옛 언약은 우리가 온전히 지킬 수도 없고, 우리의 죄를 없애지도 못하며, 양심을 온전케 하지도 못하므로 우리는 계속 반복적인 제사를 지내야 합니다. 하나님은 이런 불완전한 옛 언약을 폐하시고 더 좋은 새 언약을 주셨습니다. 예수 그리스도를 통해 옛 언약을 개혁하시고 새 언약이라는 선물을 주셨습니다. 자신의 신앙이 아직 옛 언약에 머물러 있다면, 옛 것을 과감히 버리고 새 것을 취하는 결단을 하시기 바랍니다.

새 언약의 개혁

옛 언약의 핵심은 제사에 있습니다. 옛 언약을 개혁한다는 것은 제사 제도를 개혁하는 것입니다. 옛 언약의 제사로는 완전한 의에 이를 수 없기 때문입니다. 하나님은 옛 언약의 제사 직분을 파기하시고, 예수 그리스도를 통해 새 언약을 맺으십니다.

제사장 직분의 개혁(레위지파에서 멜기세덱 반차로)

구약에서 제사장은 레위 지파의 사람만 될 수 있었습니다. 그 제사장 역시 연약하고 흠 있는 죄인입니다. 그래서 제사장 또한 자기 죄를 위해 짐승의 피로 속죄 제사를 드려야 했습니다. 지성소에 들어갈 때도 짐승의 피를 가지고 들어가야만 죽음을 면할 수 있었습니다. 하나님은 이런 연약한 제사장 제도를 개혁하셨습니다.

히브리서 7:11

레위 계통의 제사 직분으로 말미암아 온전함을 얻을 수 있었으면 (백성이 그 아래에서 율법을 받았으니) 어찌하여 아론의 반차를 따르지 않고 멜기세덱의 반차를 따르는 다른 한 제사장을 세울 필요가 있느냐

히브리서 7:12

제사 직분이 바꾸어졌은즉 율법도 반드시 바꾸어지리니

하나님은 제사장 직분을 바꾸심으로 율법을 바꾸십니다. 하나님은 육신적인 레위 지파의 계열을 따른 사람이 드리는 제사장 제도를 폐하시고, 멜기세덱의 반차를 따르는 예수 그리스도를 대제사장으로

세우는 개혁을 단행하셨습니다. 더 이상 제사장이 바뀌는 일이 없이 영원히 한 제사장만 있게 된 것입니다.

대제사장이신 예수님은 레위인 제사장처럼 이 땅의 보이는 성소를 섬기는 것이 아니라 하늘의 성소를 섬기십니다. 제사장 직분이 바뀜으로 제사 방식도 바뀌게 된 것입니다. 이 땅에서 레위인 제사장들이 드리는 제사는 하늘 성소를 섬기는 것의 모형에 불과했습니다. 하늘에 제사장으로 오신 예수님은 이 땅의 제사장들처럼 땅의 성소에서 서서 섬기지 않으시고, 지금도 하나님 우편에 앉으셔서 우리를 위해 중보하심으로 섬기십니다. 이 땅에서 드리는 제사 양식이 하늘에 있는 영적 제사 양식으로 바뀌게 되었습니다.

고린도후서 3:9
정죄의 직분도 영광이 있은즉 의의 직분은 영광이 더욱 넘치리라

레위 지파의 제사장은 율법으로 사람을 심판하고 정죄하여 죽이는 직분이었습니다. 그러나 멜기세덱 반차의 제사장인 예수님은 죽을 죄인을 의롭게 하여 살리는 의의 직분을 행하시기에 더욱 영광이 넘치십니다. 이제 우리도 이 영의 직분, 의의 직분으로 하나님을 섬겨야 합니다.

베드로는 성도인 우리를 왕 같은 제사장이라고 선포합니다. 우리

는 남을 정죄하여 죽이는 율법의 제사장이 아닌, 심판받아 죽을 죄인을 예수님의 보혈로 용서하고 살리는 의의 제사장으로 부름 받았습니다.

제사 제도의 개혁(반복적인 것에서 단번에)

옛 언약에서는 죄를 덮기 위해 반복적인 피의 제사가 필요했습니다. 그러나 예수 그리스도는 자기 몸을 단 번에 제물로 드려 모든 죄를 없이 하셨습니다. 예수 그리스도의 단 한 번의 십자가의 죽음으로 모든 피의 제사를 완성하셨습니다. 예수 그리스도의 피가 모든 율법의 요구를 충족시켰기 때문입니다.

히브리서 7:27
그는 저 대제사장들이 먼저 자기 죄를 위하고 다음에 백성의 죄를 위하여 날마다 제사 드리는 것과 같이 할 필요가 없으니 이는 그가 단번에 자기를 드려 이루셨음이라

히브리서 7:28
율법은 약점을 가진 사람들을 제사장으로 세웠거니와 율법 후에 하신 맹세의 말씀은 영원히 온전하게 되신 아들을 세우셨느니라

지금은 더 이상 짐승의 피로 제사를 드리지 않습니다. 하나님께서 짐승의 피로 드리던 불완전한 옛 언약을 폐하시고 예수 그리스도의

피로 완전케 하셨기 때문입니다. 이제는 우리의 죄가 예수님의 보혈로 용서받고 씻음 받았다는 것을 믿음으로 죄 문제를 해결 받아야 합니다.

예수님의 보혈이 없는 예배는 반복되는 종교의식을 하는 것일 뿐입니다. 그런 예배에는 죄 사함의 능력도 없으며, 속 사람의 인격이나 양심의 변화도 나타나지 않습니다. 이제 우리는 능력 없는 옛 언약의 제사를 그치고 예수 그리스도의 보혈의 능력을 경험하는 새 언약의 예배를 드려야 합니다. 우리의 어떠한 죄라도 씻어주시는 십자가의 죄 사함을 믿음으로 예배 제도에 개혁이 일어나야 합니다.

생각과 마음 판에 새김(돌 판에서 마음 판으로)

구약에 율법은 돌 판에 문자로 기록되었습니다. 돌에 새겨진 율법의 문자는 우리의 영혼을 완고하게 하여 죽게 합니다. 돌 판에 쓰인 십계명을 받은 이스라엘 백성들은 그것을 지키지 못했고 결국 그 첫 번째 돌 판도 깨뜨려졌습니다. 이제 새 언약의 법은 돌 판에 기록하는 옛 언약의 방식이 아니라 우리의 생각과 마음 판에 새겨 주십니다.

히브리서 8:10

또 주께서 이르시되 그 날 후에 내가 이스라엘 집과 맺을 언약은 이것이니 내 법을 그들의 생각에 두고 그들의 마음에 이것을 기록하리라 나는 그들에게 하나님이 되고 그들은 내게 백성이 되리라 우리의 마음에 새겨주신 새 언약에서는 더 이상 하나님의 말씀을 문자적인 지식이 아닌 하나님의 말씀을 영으로 듣고 마음으로부터 행하게 했습니다. 하나님의 말씀을 문자적인 지식으로 들으면 혼적인 그 지식이 우리의 영을 죽입니다. 반대로 생명의 말씀을 우리 마음에 영으로 들을 때 그 말씀을 통해 우리 영혼에 생명이 주어집니다.

고린도후서 3:6

그가 또한 우리를 새 언약의 일꾼 되기에 만족하게 하셨으니 율법 조문으로 하지 아니하고 오직 영으로 함이니 율법 조문은 죽이는 것이요 영은 살리는 것이니라

사도 바울은 자신을 새 언약의 일꾼이라고 했습니다. 바울은 과거에 율법에 정통한 옛 언약의 일꾼이었습니다. 그는 그 율법으로 많은 그리스도인들을 정죄하며 핍박했습니다. 그러한 바울이 자기가 의지했던 그 율법 조문은 죽이는 것이요, 영은 살리는 것이라고 고백했습니다. 그 자신이 율법의 조문이 아닌 자기 마음에 새겨지는 영의 말씀으로 생명을 얻은 자가 되었기 때문입니다. 이처럼 우리는 하나님의 말씀을 지식이 아니라 영으로 받아서 우리 영혼이 살아나고, 다른 사람의 영혼을 살리는 신앙을 해야 합니다.

양심의 개혁(육체에서 양심으로)

율법의 제사는 우리 안에 있는 죄의 근본은 없앨 수 없습니다. 그러므로 그런 제사로는 우리의 양심을 깨끗하게 하지도 못합니다. 그러나 예수님의 피는 우리의 모든 죄를 완전히 없애주실 뿐만 아니라, 죄로 인해 더러워진 양심을 회복시켜 주십니다. 새 언약 안에 있는 사람은 예수님의 피로 깨끗해진 청결한 양심으로 하나님을 섬기게 합니다.

히브리서 10:11

제사장마다 매일 서서 섬기며 자주 같은 제사를 드리되 이 제사는 언제나 죄를 없게 하지 못하거니와

히브리서 9:14

하물며 영원하신 성령으로 말미암아 흠 없는 자기를 하나님께 드린 그리스도의 피가 어찌 너희 양심을 죽은 행실에서 깨끗하게 하고 살아 계신 하나님을 섬기게 하지 못하겠느냐

교회를 다녀도 죄 사함의 은혜를 모르면 죄로 인해 더럽혀진 양심으로 인해 죄에 대한 감각이 무디어 집니다. 그래서 죄를 지으면서도 죄에 대한 감각이 없습니다. 그런 사람이 어느 날 회개하고 죄를 용서받으면 그 안에 새롭게 된 청결한 양심이 생깁니다. 전에는 죄에 대해 아무렇지 않은 듯이 반응하던 행동들이 양심에 거리끼는 가책으로

인해 더 이상 할 수가 없게 됩니다. 십자가의 보혈로 죄를 용서받으면 그 양심이 회복되기 때문입니다. 이처럼 양심이 회복되어야 바른 양심으로 변화된 새로운 신앙 인격의 열매가 나타나게 됩니다.

율법의 행위는 겉으로 보이는 것만 바뀌게 할 뿐 속 사람의 양심을 바꾸지는 못합니다. 오직 예수 그리스도의 십자가의 보혈만이 우리의 양심을 깨끗하게 하고, 살아계신 하나님을 섬기게 하는 능력이 있습니다. 그 속 사람의 핵심인 양심이 깨끗하게 될 때 예수 그리스도의 형상을 닮아가는 인격의 변화가 나타납니다.

하나님과의 관계 개혁(두려움에서 친밀함으로)

구약의 하나님은 두려움의 대상입니다. 우리의 죄 때문에 하나님과 원수 관계가 되어 진노의 대상이기 때문입니다. 그 하나님의 진노를 막기 위해 하나님이 계신 지성소 앞을 두꺼운 휘장으로 막아 놓았습니다. 하나님 앞에 나가다가 죽는 것을 막기 위해서입니다.

그러나 새 언약에서는 더 이상 성소에 막혀있는 휘장이 필요하지 않게 되었습니다. 예수님의 피가 우리의 죄로 인한 하나님의 진노를 완전히 해결하셨기 때문입니다. 그로 인해 하나님께서 친히 성소의 휘장을 찢으심으로 우리는 하나님의 진노와 심판의 대상이 아니라 하나님과 화목한 관계가 되었습니다. 우리의 죄로 인해 하나님과 원수였던 관계에서, 예수님의 피를 통해 자녀의 관계로 회복되는 놀라운 개혁이 일어났습니다.

히브리서 7:19

(율법은 아무 것도 온전하게 못할지라) 이에 더 좋은 소망이 생기니 이것으로 우리가 하나님께 가까이 가느니라

새 언약은 율법을 폐하는 것이 아니라, 오히려 완전하게 합니다. 옛 언약의 신앙이 율법의 문자를 지키고자 하는 반면, 새 언약의 신앙은 율법에 담긴 하나님의 뜻을 온전히 이루고자 합니다.

이제 옛 언약 방식의 율법적인 종교생활을 과감하게 개혁해야 합니다. 예수님이 새롭게 하신 새 언약을 따라 십자가 중심의 신앙을 해야 합니다. 그래야 그 안에 생명이 있고, 속사람의 변화가 있습니다. 이제는 우리 영혼을 죽게 하는 옛 언약의 율법이 아니라 십자가로 이루신 새 언약을 따라 생명을 주는 온전한 삶을 살아야 합니다.

새 언약은 율법을 폐하는 것이 아니라, 오히려 완전하게 합니다. 예수님이 새롭게 하신 새 언약을 따라 십자가 중심의 신앙을 해야 합니다. 그래야 그 안에 생명이 있고, 속사람의 변화가 있습니다.

나누어 보기

1. 하나님께서 새 언약을 주신 이유가 무엇인가요?

2. 새 언약에서 제사장 제도가 어떻게 개혁되었나요?

3. 새 언약에서 제사 제도가 어떻게 바뀌었으며, 그 의미가 무엇인
   가요?

4. 새 언약 안에서 주어지는 말씀이 어떻게 다른가요?

5. 새 언약이 양심에 어떤 변화를 주는지 나누어 보세요.

6. 새 언약 안에서 하나님과의 관계에 어떤 변화가 일어났는지 나누
   어 보세요.

7. 새 언약 안에서 변화된 자신의 신앙에 대해 나누어 보세요.

갈라디아서 5:18

¹⁸ 너희가 만일 성령의 인도하시는 바가 되면 율법 아래에 있지 아니하리라

5
chapter

새 언약의 신앙 원리

지금까지 율법의 실제와 그 한계에 대해 살펴보았습니다. 옛 언약인 율법은 우리의 삶을 완전하게 해줄 것 같았지만 그렇지 못했습니다. 그래서 하나님은 옛 언약을 폐하시고 새 언약을 주셨습니다. 새 언약은 우리의 열심과 노력으로 받은 것이 아니라 하나님께서 그저 주신 은혜입니다. 그로 인해 우리는 새 언약 아래에서 새로운 은혜의 삶을 살게 되었습니다.

지금까지 옛 언약 아래 살아온 사람들은 새 언약 안에서 은혜로 사는 삶에 대해 혼동할 수 있습니다. 율법과 은혜는 그 개념이 완전히 다르기 때문입니다. 그래서 율법적인 신앙을 그치고 은혜로 살려고 할 때 사람들은 오해하며 염려하는 것들이 생깁니다. 은혜로 살면 지금까지 열심과 충성으로 이루어놓은 자기 신앙은 어떻게 되는 것이며, 과연 은혜만으로 신앙을 제대로 할 수 있을까 하는 염려입니다. 또한 은혜 안에 있으면 죄를 지어도 아무 문제가 되지 않을 것 같다는 생각을 하기도 합니다. 그리고 은혜로 살면 예수님이 모든 것을 다 이루어 놓으셨기 때문에 우리가 할 것은 아무 것도 없을 것 같이 생각합니다. 그래서 우리의 신앙이 나태해지고, 죄에 빠지게 되지 않을까 하는 걱정을 합니다.

예수님이 오셔서 새 언약의 말씀을 전파하실 때 그 당시 바리새인들도 동일한 염려를 했습니다. 이에 대해 예수님은 자신이 율법을 폐하러 오신 것이 아니라 오히려 완전하게 하기 위해 오셨다고 말씀하셨습니다. 다만 새 언약을 통해 그것을 이루시는 방법이 전혀 다를 뿐입니다. 이전 방법이 효과가 없기 때문에 새 언약의 방법으로 하실 뿐, 하나님을 섬기는 목표는 같습니다. 그 뿐 아니라 새 언약은 이전의 방법보다 훨씬 차원 높은 수준의 신앙으로 우리를 인도합니다.

철저한 율법주의 신앙에서 새 언약의 신앙으로 변화된 사도 바울의 삶을 통해 그것을 이해할 수 있습니다. 그는 스스로 율법의 의로는 흠이 없다고 말할 정도로 율법에 철저한 바리새인 중에 바리새인이었습니다. 그럼에도 그는 자기가 의지해온 율법에서 자유함을 받은 후에 그 율법을 무시하고 죄를 지으면서 나태하게 살지 않았습니다.

오히려 그와 반대로 그는 이전에 율법주의 신앙으로 열심을 낼 때보다 더한 열정과 헌신으로 주님을 섬겼습니다. 그가 예수 그리스도의 십자가를 경험한 이후에는 자기 목숨을 아까워하지 않고 날마다 순교적인 삶으로 주님을 섬겼습니다. 변화된 이후의 바울의 신앙은 이전에 율법을 향한 특심한 열심의 수준과는 비교할 수 없었습니다. 그는 예수그리스도 은혜 안에서 자기 생명을 아까와하지 않는 전혀 다른 차원의 신앙을 하게 되었습니다. 이러한 변화된 바울의 모습은 율법적인 삶에서 하나님의 은혜를 받은 이후 삶이 어떻게 달라졌는가를 잘 보여주고 있습니다.

어떤 사람들은 율법의 역할이 끝났으면 이제 율법은 아무 소용없게 되었다고 생각하며 율법 폐기론을 주장합니다. 이에 대해 바울은 믿음이 율법을 파기하는 것이 아니라 오히려 율법을 굳게 세운다고 말합니다.

로마서 3:31
그런즉 우리가 믿음으로 말미암아 율법을 파기하느냐 그럴 수 없느니라 도리어 율법을 굳게 세우느니라

율법을 지키지 않으면 신앙이 나태해지며 자유롭게 죄를 지을 것 같다는 염려는 아직 은혜에 대한 이해가 부족한데서 오는 오해입니다. 그런 염려를 하는 이유는 율법의 개념으로 은혜를 이해하려 하기 때문입니다. 율법주의의 틀 안에서는 은혜로 하는 신앙을 이해하기 어렵습니다. 율법주의자들이 율법으로 신앙하는 것과 예수 그리스도의 은혜 안에서 하는 신앙은 차원이 다르기 때문입니다. 율법주의자들이 아무리 최선을 다해 율법을 지킨다 할지라도, 은혜 안에서 하는

신앙의 기준에서 보면 초라한 낮은 수준에서 하는 것일 뿐입니다.

우리가 잘 아는 감리교 창시자인 요한 웨슬리, 찰스 웨슬리 형제는 청년 시절부터 경건한 신앙을 했습니다. 그들은 당시 타락한 영국의 대학 캠퍼스를 새롭게 변화시키고자 하는 열정으로 불탔습니다. 그들은 캠퍼스에 the Holy club이란 모임을 만들어 매우 엄격한 경건 훈련을 했습니다. 당시 사람들이 방탕한 삶을 살던 사회적 분위기에서 그들은 새벽 4시에 일어나 기도하고 성경을 읽는 삶을 살았습니다.

그럼에도 불구하고 그들은 내면에 진정한 중생의 체험이 없었습니다. 주님이 주시는 십자가의 은혜도 몰랐습니다. 다만 자기 열심과 노력으로 시내산에 올라가는 훈련 자체를 최고의 경건으로 생각했습니다. 그런 자기 열정으로 미국 인디언들에게 선교사로 나갔으나 처참하게 실패하고 되돌아올 수밖에 없었습니다. 그들은 자신들이 쌓은 경건한 의와 열정으로 많은 인디언들을 구원할 수 있을 것이라 생각했지만 그 결과는 참혹했습니다. 이것이 율법주의자들의 실제이며, 결말입니다. 십자가의 은혜로 하지 않는 경건 훈련은 자기 열심일 뿐 그 안에 예수 그리스도의 생명이 없습니다. 후에 그들이 예수 그리스도를 인격적으로 만남으로 전혀 새로운 삶을 살게 되었습니다.

이처럼 자신의 죄를 용서해 주신 십자가의 은혜를 모르는 사람은 아무리 강한 경건 훈련과 뜨거운 열정과 최고의 신학 지식을 가졌을

지라도 그것으로 영혼을 구원하는 생명이 나타나지는 않습니다. 그것이 옛 언약의 신앙 한계이며 실제입니다. 옛 언약으로 하나님을 섬기는 것과 새 언약으로 하는 것과는 근본적인 차원이 다릅니다. 돌판에 새긴 문자로 하는 신앙과 우리의 마음 판에 새긴 영으로 하는 신앙의 방법이 다르기 때문입니다.

우리에게 주시는 기쁜 소식은 하나님께서 예수 그리스도를 통해 옛 언약보다 더 좋은 새 언약을 주셨다는 것입니다. 새 언약은 내 열심과 노력으로 하는 옛 방식의 신앙과 다릅니다. 새 언약 안에서 우리가 해야 할 세 가지 신앙 원리를 보고자 합니다.

성령을 따라 함

옛 언약의 신앙은 돌판에 기록된 문자를 따라 살았지만, 새 언약의 신앙은 그 문자를 기록하신 성령을 따라 사는 것이 다릅니다. 돌판에 기록된 율법의 조문을 따라 그것을 열심히 지키려고 하는 신앙과 그 말씀을 쓰신 성령의 인도를 따르는 신앙은 그 차원이 다릅니다.

은혜를 알기 전 우리는 오랫동안 율법의 조문을 따라 율법적인 삶을 살아왔습니다. 우리 안에 있는 옛 사람은 그 옛 방식을 따라서 살고자 하는 습성을 가지고 있습니다. 그것이 성령을 따라 새로운 삶을 살고자 하는 것을 방해하는 역할을 합니다. 그래서 성령을 따라 새 언약의 신앙을 하려면 먼저 옛 사람의 마음이 새롭게 변화를 받아야 합니다. 그래야 하나님께서 우리의 새 마음에 성령이 주시는 하나님의 법을 새겨주십니다.

에스겔 36:26

또 새 영을 너희 속에 두고 새 마음을 너희에게 주되 너희 육신에서 굳은 마음을 제거하고 부드러운 마음을 줄 것이며

에스겔 36:27

또 내 영을 너희 속에 두어 너희로 내 율례를 행하게 하리니 너희가 내 규례를 지켜 행할지라

돌처럼 딱딱하게 굳어 있는 옛 사람의 마음에는 성령이 주시는 새 언약의 말씀이 새겨지지 않습니다. 돌판 같이 굳은 마음에는 굳은 율법만 새겨질 뿐입니다. 하나님은 성령을 통해 우리 안에 새 언약을 받을 수 있는 새 마음을 준비시키십니다. 성령은 율법으로 인해 완고하게 굳어진 마음을 제거하시고, 부드러운 새 마음을 주십니다. 하나님은 그런 새 마음에 새 언약의 말씀을 새겨주십니다. 또한 성령은 우리로 하여금 우리 마음 판에 새겨진 하나님의 법을 행할 수 있는 능력을 주십니다.

새 언약의 신앙은 굳은 마음으로 율법 조문을 행하며 자기 의를 이루는 것과는 차원이 다릅니다. 굳은 마음으로 하는 율법적인 신앙은 오히려 성령을 거스르며 우리의 육신이 원하는 것을 이룰 뿐입니다.

갈라디아서 5:17

육체의 소욕은 성령을 거스르고 성령은 육체를 거스르나니 이 둘이 서로 대적
함으로 너희가 원하는 것을 하지 못하게 하려 함이니라

새 언약의 신앙은 옛 사람에서 나오는 육신의 생각을 따라 행하는
것이 아니라 새 사람에서 나오는 성령을 따라가는 신앙입니다. 이렇
게 성령을 따라 살 때 율법이 육체를 통해 하고자 하는 육신의 세력
이 끊어지게 됩니다. 율법의 저주에서 벗어나고자 한다면 먼저 성령
을 따라 살아야 합니다. 우리 힘으로 할 수 없는 그것을 성령께서 해
결해 주십니다.

갈라디아서 5:18

너희가 만일 성령의 인도하시는 바가 되면 율법 아래에 있지 아니하리라

성령의 인도함을 받지 못하면 문자적인 율법을 따라 살 수 밖에 없
습니다. 그러므로 성령을 부인하거나, 성령을 거스르면 성령의 인도하
심을 받을 수 없어 율법적인 삶을 살게 됩니다. 성령은 하나님의 거룩
한 영이십니다. 그렇기에 하나님의 말씀을 거역하는 죄를 짓거나, 성
령의 역사를 인정하지 않고 거부하면 성령이 소멸됩니다. 그러면 율
법 아래에서 문자적인 종교 생활을 할 수밖에 없게 됩니다.

우리 안에 죄가 들어오면 성령을 소멸하게 됩니다. 바울은 자기가

받은 성령을 소멸하지 않기 위해 날마다 자기 육신의 소욕을 쳐서 복종시키고자 했습니다. 그는 "나는 날마다 죽노라"고 고백하며 매일 죄에 대해 죽는 삶을 살았습니다. 이와 같이 날마다 자기 육신을 부인하고 자신을 십자가에 못 박아 죽이는 것이 성령의 인도함을 받는 방법입니다.

로마서 8:13
너희가 육신대로 살면 반드시 죽을 것이로되 영으로써 몸의 행실을 죽이면 살리니

성령을 따라 육신을 타고 들어오는 죄를 죽여야 자기 영이 살게 됩니다. 죄는 우리 마음을 굳어지게 하여 성령을 소멸하게 합니다. 그래서 죄로 인해 완고하게 굳어진 마음에는 성령이 역사하지 않습니다. 날마다 성령께 순종함으로 죄로 인해 마음이 굳어지는 것을 피해야 합니다. 우리 안에 역사하시는 그 성령께서 우리를 율법의 저주로부터 자유롭게 해주기 때문입니다.

마음의 법으로 함

옛 언약의 율법 아래서 하는 신앙은 문자를 따라 지식적으로 합니다. 율법은 우리에게 하라는 것과 하지 말아야 할 것에 대한 문자적인 지식을 따르게 합니다. 이에 반해 새 언약의 신앙은 문자적인 지식이

아니라 하나님께서 우리 마음에 성령으로 새겨주시는 영의 말씀을 따라 합니다. 성경에서는 기록된 문자적인 말씀을 '로고스'라고 말하는 반면에 그때 그 시에 성령께서 주시는 말씀을 '레마'라는 말로 다르게 말합니다. 새 언약의 신앙은 하나님께서 그때 그때 마음 판에 새겨 주시는 레마의 말씀을 따라 하는 것입니다. 레마의 말씀은 그것을 믿음으로 행하는 사람에게 하나님의 살아있는 말씀의 능력이 역사합니다. 그러므로 우리는 돌 판에 새겨진 문자를 따라 살지 않고, 마음 판에 새겨지는 하나님의 말씀을 따라 살아야 합니다. 그때 그때 우리 마음 판에 새겨주시는 그 말씀이 살아있는 하나님의 레마의 말씀입니다.

히브리서 8:10

또 주께서 이르시되 그 날 후에 내가 이스라엘 집과 맺을 언약은 이것이니 내 법을 그들의 생각에 두고 그들의 마음에 이것을 기록하리라 나는 그들에게 하나님이 되고 그들은 내게 백성이 되리라

이제 구체적으로 어떻게 새 언약 안에서 우리 마음에 기록된 그 레마의 말씀을 따라 신앙할 수 있는지 보고자 합니다.

마음에 새긴 소원을 따라 행함

하나님께서는 성령님을 통해 그때 그때 우리 마음 판에 하나님이

기뻐하시는 말씀을 새겨 주십니다. 우리 마음 판에 하나님의 뜻이 새겨지면 우리의 마음에 그것을 하고 싶은 소원과 열정이 생깁니다.

빌립보서 2:13
너희 안에서 행하시는 이는 하나님이시니 자기의 기쁘신 뜻을 위하여 너희에게 소원을 두고 행하게 하시나니

하나님은 비인격적으로, 억지로 우리에게 무엇을 시키시는 분이 아닙니다. 어떤 일을 하시기 전에 먼저 우리 마음에 그것을 하고자 하는 선한 소원을 주셔서 기쁜 마음으로 그것을 하게 하십니다. 그때 우리 마음에 불붙는 열정이 생겨서 자발적으로 그 말씀에 순종하게 하십니다.

우리가 처음 예수님을 믿고 거듭나는 그때도 하나님께서 그 사람 안에 자기가 가질 수 없었던 새로운 소원들을 주십니다. 예수 그리스도의 복음으로 새 사람이 되면 누가 시키지도 않았는데 가족들을 전도하고 싶은 뜨거운 열정이 생기고, 기도하고 싶은 소원이 생겨 기도하지 않을 수 없게 되고, 하나님의 말씀을 읽고 싶은 간절한 소원이 불타는 것은 하나님이 우리 마음에 소원을 부어주셨기 때문입니다. 그 소원에 순종해서 행할 때 하나님이 하시는 놀라운 새 일이 일어납니다. 하나님의 말씀이 송이 꿀처럼 달고, 예배가 감격스럽고, 기도를

통해 주님의 사랑을 느끼게 됩니다. 이렇듯 하나님이 주시는 소원을 따라 행하면, 힘든 것이 아니라 오히려 삶에 기쁨과 활력이 주어지며 선한 열매가 맺힙니다. 이런 영적인 열매가 맺히는 이유는 하나님께서 소원을 통해 말씀을 행할 수 있는 능력을 주시기 때문입니다.

반면 율법은 우리의 의지와 상관없이 기록된 문자를 따라 의무적인 신앙을 하게 합니다. 율법적인 신앙은 마음에 소원이나 열정도 없는데 단지 해야 하기 때문에 하고, 안 하면 벌 받기 때문에 하게 합니다. 하나님을 경외하지 않으면서도 안식일을 지켜야 하고, 하나님을 사랑하지 않으면서 예물을 드리고, 하나님을 섬기는 것이 기쁘지 않으면서도 의무감으로 많은 봉사를 합니다. 이런 율법적인 신앙은 비자발적인 마음으로 하기에 피곤하고 지칠 뿐 하나님을 기쁘시게 하지 못합니다.

그러나 우리 마음에 주시는 하나님의 소원을 따라 하는 신앙에는 자발적인 의욕에서 나오는 기쁨과 힘이 주어집니다. 그 일을 하나님이 기뻐하시기 때문입니다. 그래서 하나님이 예배, 기도, 말씀 등을 통해 주시는 소원이 있을 때 그것을 순종해야 합니다. 그러면 순종을 통해 하나님이 친히 기뻐하시는 일을 행하십니다.

이를 위해 우리 마음 판을 깨끗하게 유지하여 성령이 소멸되지 않게 해야 합니다. 그래야 하나님이 우리 마음에 주시는 소원을 방해 없이 잘 받을 수 있기 때문입니다.

마음의 동기를 따라 행함

새 언약의 신앙과 옛 언약의 신앙은 동기부터 다릅니다. 새 언약의 신앙은 우리 마음 판에 새겨진 하나님의 법을 마음의 동기를 따라 행합니다. 사람은 외모를 보고 평가하지만 하나님은 그 마음의 중심 동기를 보시기 때문입니다.

잠언 16:2

사람의 행위가 자기 보기에는 모두 깨끗하여도 여호와는 심령을 감찰하시느니라

돌 판에 새겨진 율법으로 하는 신앙은 사람에게 보여지는 문자적인 조문대로만 지키면 됩니다. 마음 중심보다 나타나는 겉모습을 중요하게 여기기 때문입니다. 율법 아래에서는 속으로는 하나님을 사랑하지 않을지라도, 거룩한 형식과 모양으로 예배를 드리면 거룩한 신앙으로 인정받을 수 있습니다. 하나님을 믿는 믿음이 없이도 사람에게 인정받기 위해 하나님의 말씀을 잘 외우기도 하고, 하나님을 기뻐하고 경외하는 마음이 없으면서 거룩한 찬양을 열심히 할 수도 있습니다. 이렇듯 옛 언약은 겉으로 나타나는 모양, 표면적인 모습을 중요하게 여기고 외모로 신앙을 평가합니다.

그러나 새 언약은 마음에 새겨진 법을 따라 마음 중심으로 행합니다. 예를 들면 문자로 새겨진 법은 '살인하지 말라'는 법을 지키라고 합니다. 율법 아래에서는 사람을 죽이지 않으면 그 법을 잘 지킨 의인

이 될 수 있습니다. 그런 문자적인 법은 마음속으로는 형제를 미워하며 죽이고 싶은 마음을 가지고 있어도 살인 행위를 하지 않으면 율법을 잘 지킨 것으로 인정하기 때문입니다.

그러나 마음에 새겨진 새 언약의 법에서는 형제를 미워하는 마음을 품는 그 자체가 살인죄라고 말합니다. 사람들 마음 속에 형제를 용서하지 못하고 미워하는 동기에서 살인하는 죄가 나오기 때문입니다. 겉으로 나타나는 행동만 보는 사람은 죄로 여기지 않지만 우리의 마음 중심 동기를 보시는 하나님은 그것을 죄로 여깁니다.

요한일서 3:15
그 형제를 미워하는 자마다 살인하는 자니 살인하는 자마다 영생이 그 속에 거하지 아니하는 것을 너희가 아는 바라

또한 율법의 문자를 따라 간음의 행위를 하지 않으면 간음하지 말라는 율법을 잘 지키는 의인으로 인정받을 수 있습니다. 그러나 마음의 법으로 하는 새 언약은 마음에 음욕을 품고 여자를 보는 그 자체를 이미 간음한 것으로 여깁니다. 하나님은 그 마음에 간음하고자 하는 마음 중심의 동기를 보시기 때문입니다.

마태복음 5:27
또 간음하지 말라 하였다는 것을 너희가 들었으나

마태복음 5:28

나는 너희에게 이르노니 음욕을 품고 여자를 보는 자마다 마음에 이미 간음하였느니라

이와 같이 새 언약을 따라 사는 마음의 법은 문자로 된 옛 언약의 조문을 따라 하는 것과는 비교가 안 될 만큼 높은 수준입니다. 그러므로 예수님이 율법을 폐하러 온 것이 아니라 오히려 그 율법을 완전하게 하기 위해 오셨다고 말씀하셨습니다.

이런 마음의 법은 외모를 기준으로 사람 앞에서 하는 신앙으로는 결코 지킬 수 없습니다. 오직 우리의 중심을 보시는 하나님 앞에 마음의 법으로 할 때만 하나님의 법을 온전히 지킬 수 있습니다. 기록된 문자를 따라 하는 율법적인 신앙으로는 마음의 법을 따르기는 불가능하기 때문입니다. 그렇기에 문자적인 수준에 머무는 신앙은 그릇의 겉만 깨끗하게 하는 외식적인 종교생활을 할 수밖에 없습니다.

그래서 성령을 따라 마음의 법으로 하는 것이 문자적인 지식을 따라 형식으로 하는 것보다 훨씬 더 강하며 완전합니다. 그로 인해 주님의 은혜로 자발적으로 하는 신앙이 의무감에 억지로 하는 것에 비교할 수 없는 큰 일이 나타납니다. 책임감 때문에 불평으로 하는 것보다 주님의 사랑에 감격해 기쁨과 감사로 하는 것이 더 능력이 있는 것은 하나님이 그것을 기뻐하시기 때문입니다. 예수님이 말씀하시는 율법을 완전케 하는 신앙은 오직 마음의 법으로 할 때에만 가

능합니다.

이 마음의 법으로 하는 신앙은 예수님의 십자가 보혈로 양심이 깨끗하게 된 사람만 할 수 있습니다. 마음이 깨끗하게 되지 않고는 율법을 행위로 지킬 수 있을지는 몰라도, 그 율법을 내신 하나님의 마음을 채워드릴 수는 없습니다. 그들은 하나님의 마음을 알지 못하기 때문입니다. 그러므로 마음의 법을 따라 하나님의 마음에 합한 신앙을 하기 위해 먼저 마음에 할례를 받아야 합니다.

사도행전 3:19

그러므로 너희가 회개하고 돌이켜 너희 죄 없이 함을 받으라 이같이 하면 새롭게 되는 날이 주 앞으로부터 이를 것이요

마음이 새롭게 되기 위해서는 회개를 통해 성령을 받아야 합니다. 성령을 받으면 성령께서 죄로 인해 굳은 마음을 제거하시고, 새 마음을 주심으로 새 신앙을 하도록 인도해 주십니다.

사랑의 법으로 함

율법의 대강령은 첫째는 하나님 사랑이며, 둘째는 이웃 사랑입니다. 즉 율법의 핵심은 사랑입니다. 그런데 돌판에 새긴 문자로는 그런 인격적인 사랑을 하는 것이 불가능합니다. 사랑은 문자적인 지식에서 나오는 것이 아니라 마음에서 나오기 때문입니다.

율법의 문자로는 우리 마음에 사랑을 만들어 낼 수 없습니다. 아내를 사랑하라는 법을 만들 수는 있지만, 그것으로 남편의 마음 안에 아내에 대한 사랑을 만들어내게 할 수는 없습니다. 이와 같이 하나님을 사랑하라는 돌판에 새긴 법이 사람의 마음에 강제적으로 하나님을 사랑하는 마음을 만들어 낼 수는 없습니다. 이것이 율법의 한계입니다.

그러나 예수님의 십자가로 하나님의 사랑을 받으면, 사랑하라는 법이 없어도 저절로 하나님을 사랑하는 마음이 생깁니다. 사랑은 하나님으로부터 주어지기 때문입니다. 그래서 주님의 보혈로 죄 사함의 은혜를 받은 사람 안에는 아내를 사랑하라는 율법을 알기 이전에 이미 아내를 사랑하는 마음이 강권적으로 주어집니다. 십자가의 은혜가 그 어떤 법보다도 더 강한 사랑을 주기 때문입니다. 주님의 십자가의 은혜는 율법으로는 할 수 없는 것을 가능하게 하는 능력이 있습니다. 그래서 십자가의 사랑은 모든 율법을 완전하게 하는 능력이 있습니다.

로마서 13:8
피차 사랑의 빚 외에는 아무에게든지 아무 빚도 지지 말라 남을 사랑하는 자는 율법을 다 이루었느니라

로마서 13:9
간음하지 말라, 살인하지 말라, 도둑질하지 말라, 탐내지 말라 한 것과 그 외에

다른 계명이 있을지라도 네 이웃을 네 자신과 같이 사랑하라 하신 그 말씀 가운데 다 들었느니라

로마서 13:10

사랑은 이웃에게 악을 행하지 아니하나니 그러므로 사랑은 율법의 완성이니라

십자가의 사랑이 있는 곳에는 율법이 필요 없습니다. 그 사랑은 율법보다 더 높은 차원에 있기 때문입니다. 율법은 죄가 있는 곳에만 필요합니다. 십자가의 사랑을 만나면 십계명에서 하지 말라고 하는 우상을 섬기거나 다른 신상을 만드는 일은 하지 않게 됩니다. 그리고 십자가의 사랑이 들어오면 살인, 간음, 도적질 하는 마음이 저절로 없어집니다.

주님의 은혜로 부모를 사랑하는 사람에게는 부모를 공경하라는 법이 필요 없고, 아내를 사랑하는 남편에게는 아내를 사랑하라는 법이 필요 없습니다. 남편을 사랑하는 마음이 주어지면 남편을 존중하고 순종하게 됩니다. 사랑이 율법의 수준을 훨씬 넘어서 부모를 사랑하고 아내를 사랑하게 하기 때문입니다.

갈라디아서 5:14

온 율법은 네 이웃 사랑하기를 네 자신 같이 하라 하신 한 말씀에서 이루어졌나니

율법의 모든 조항을 하나 하나 다 지키기는 어려울 것입니다. 하지만 사랑하면 율법이 모든 조항이 다 지켜질 뿐만 아니라 그 이상의 것을 할 수 있습니다. 이처럼 새 언약의 삶은 십자가의 은혜로 변화된 새 마음에서 나오는 사랑에서 시작됩니다. 그 사랑이 주님의 은혜에 감사함으로 자원하여 하나님의 말씀을 순종하게 합니다.

우리의 신앙 동기가 율법의 의무 때문인지 십자가의 사랑 때문인지 생각해보아야 합니다. 율법적인 지식은 우리를 교만하게 하여 남을 판단하지만 사랑은 모든 허물을 덮어주고 용서하는 능력이 있습니다.

요한복음 13:34
새 계명을 너희에게 주노니 서로 사랑하라 내가 너희를 사랑한 것 같이 너희도 서로 사랑하라

예수님이 주신 새 계명은 사랑의 법으로 행하는 것입니다. 우리는 사랑의 법을 통해 율법을 완전하게 이룰 수 있습니다. 이처럼 은혜는 아무 것도 하지 않는 것이 아니라 율법이 할 수 없는 더 큰 차원의 일을 하게 합니다. 은혜는 나약한 것이 아니라 율법의 열심과 헌신으로 하는 차원을 넘어서는 완전한 삶을 살게 하는 능력을 줍니다. 예수 그리스도의 십자가 사랑을 통해서만이 율법이 완전케 될 수 있습니다.

율법을 완전케 하는 하나님의 뜻을 이루기 위해서는 우리 자신이 먼저 예수님의 십자가의 사랑을 받아야 합니다. 십자가의 사랑은 회개로 인한 죄사함을 통해 주어집니다. 회개를 통해 주어지는 십자가의 사랑을 만나는 사람만이 성령으로 율법의 요구를 이룰 수 있습니다. 성령은 우리 안에 굳은 마음을 제거하시고 새 마음을 주시기 때문입니다.

사도행전 2:38
베드로가 이르되 너희가 회개하여 각각 예수 그리스도의 이름으로 세례를 받고 죄 사함을 받으라 그리하면 성령의 선물을 받으리니

이제 이전처럼 옛 언약의 율법에 매여 자기 의를 쌓으며 자기를 기쁘게 하는 삶에서 돌아서야 합니다. 그리고 새 언약 안에 하나님이 주시는 소원을 따라 사랑의 능력으로 하나님을 기쁘시게 하는 삶을 살아야 합니다.

예수님이 주신 새 계명은 사랑의
법으로 행하는 것입니다. 우리는 사
랑의 법을 통해 율법을 완전하게 이
룰 수 있습니다. 이처럼 은혜는 아무
것도 하지 않는 것이 아니라 율법이
할 수 없는 더 큰 차원의 일을 하게
합니다.

나누어 보기

1. 새 언약 안에서 성령을 따라 하는 신앙이 어떤 것인지 구체적으로 나누어 보세요.

2. 새 언약 안에서 마음의 법으로 하는 신앙이 어떤 것인지 나누어 보세요.

3. 사랑의 법이 어떻게 율법을 완전케 하는지 나누어 보세요.

히브리서 10:19

[19] 그러므로 형제들아 우리가 예수의 피를 힘입어 성소에 들어갈 담력을 얻었나니

6
chapter

지성소로 들어가라

    율법에서 벗어나 은혜의 시대로 나가는 우리 신앙의 최종 종착지는 지성소로 들어가는 것입니다. 율법 시대에는 죄인이 지성소에 들어가는 것은 상상할 수 없었던 일입니다. 지성소는 하나님께서 임재하시는 가장 거룩한 곳이기 때문입니다. 그곳은 대제사장만이 1년에 한 차례 거룩한 세마포 옷을 입고 피운 향과 짐승의 피를 가지고야 들어갈 수 있었습니다. 율법 시대에는 대제사장만 지성소에 들어갈 수 있고 일반 백성은 들어갈 수 없었습니다.

    이제 예수 그리스도의 은혜 시대에는 짐승의 피보다 더 귀한 예수 그리스도의 피로 우리가 담대히 지성소에 들어갈 수 있게 되었습니다. 예수 그리스도의 피가 우리 죄를 용서해 주시기 때문입니다. 그러므로 예수 그리스도를 믿음으로 자기 죄를 용서받은 사람은 누구든지 하나님 보좌가 있는 지성소에 들어갈 수 있습니다. 이것이 예수 그리스도의 은혜 안에 사는 사람들에게 주어지는 놀라운 특권입니다.

지성소는 성막 안에 있습니다. 하나님은 모세를 통해 이 땅에 성막을 세우셨습니다. 하나님께서 모세에게 성막의 모든 것을 어떻게 세워야하는지 그 설계도를 세밀하게 알려 주셨습니다. 하나님은 하늘에 있는 성전의 모형을 따라 이 땅에 성막을 만들게 하셨습니다.

성막은 크게 세 부분으로 구성되었습니다. 성막 입구에 있는 뜰과 그 뜰을 지나서 안으로 들어가는 성소 그리고 그 뒤에 휘장으로 가려진 지성소입니다. 이 성막은 하나님을 모르는 세상에 속한 나라에서 하나님 나라로 들어오는 것을 의미하기도 합니다. 그리고 그 성막 구조는 하나님 안에서 우리의 신앙이 나가는 단계를 나타내기도 합니다. 즉 성막의 뜰에서 시작하는 신앙이 성소를 거쳐 마지막 지성소에 계신 하나님께로 나가는 우리의 신앙 단계를 표시해 주고 있습니다.

뜰

우리가 세상에서 살다 하나님께로 나올 때 먼저 성막 안으로 들어가게 됩니다. 성막은 길이 50m, 폭 25m의 세마포 천 울타리로 둘러싸여 있습니다. 이 성막 안과 성막 밖의 경계 울타리는 세상과 하나님 나라 그리고 거룩한 것과 속된 것을 구별합니다.

이 성막 안에 들어오면 처음 밟게 되는 곳이 뜰입니다. 뜰에는 번제단과 물두멍 두 가지가 놓여있습니다.

〈성소와 지성소〉

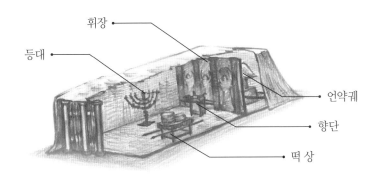

휘장

등대

언약궤

향단

떡상

〈성막의 구조〉

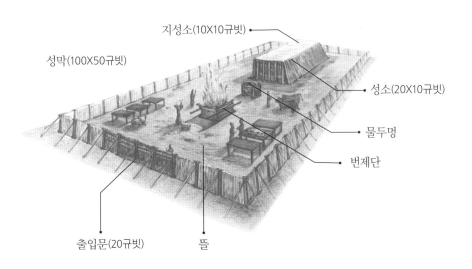

지성소(10X10규빗)

성막(100X50규빗)

성소(20X10규빗)

물두멍

번제단

출입문(20규빗)

뜰

번제단

성막 안 뜰에 들어가면 먼저 번제단이 놓여있습니다. 번제단은 짐승을 잡아 하나님께 제사 드리는 제단입니다. 이것은 성소로 들어가기 위해 먼저 거쳐야 하는 단계입니다.

민수기 28:3

또 그들에게 이르라 너희가 여호와께 드릴 화제는 이러하니 일 년 되고 흠 없는 숫양을 매일 두 마리씩 상번제로 드리되

민수기 28:4

어린 양 한 마리는 아침에 드리고 어린 양 한 마리는 해 질 때에 드릴 것이요

뜰에서는 이 번제단에 매일 아침 저녁으로 제물을 불에 태워 하나님께 향기를 올려드려야 합니다. 그러므로 이 번제단의 불을 꺼뜨리면 안 됩니다. 그리고 이 번제단의 불은 반드시 하나님이 정하신 불이어야만 하며 다른 불을 사용해서는 안 됩니다.

이처럼 하나님의 성막 뜰에 들어온 사람은 먼저 제단에 제물을 불에 태워 드려야 합니다. 이것은 자신의 몸을 대신해서 동물을 태워드리는 것입니다. 구약의 제물은 자신을 대신해서 동물로 드렸지만 신약 시대의 제물은 자기 자신을 직접 드려야 합니다. 번제단에 자신을 태워 드리는 것은 자신의 몸을 하나님께 드리는 헌신을 의미합니다. 이것이 지성소에 계신 하나님께 나가는 자가 거쳐야할 신앙의 첫 단

계입니다.

로마서 12:1

그러므로 형제들아 내가 하나님의 모든 자비하심으로 너희를 권하노니 너희

몸을 하나님이 기뻐하시는 거룩한 산 제물로 드리라 이는 너희가 드릴 영적 예

배니라

자기 몸을 하나님이 기뻐하시는 거룩한 산 제물로 드리는 제사가 우리가 드리는 예배입니다. 우리는 매일 아침과 저녁으로 자신을 하나님께 제물로 드리는 삶을 살아야 합니다. 이를 위해 우리 안에 매일 자신을 태울 수 있는 성령의 불을 소멸하지 않아야 합니다. 자기 안에 성령의 불이 있어야 자기 몸을 산 제물로 하나님께 올려 드릴 수 있습니다. 성령의 불이 없으면 자기 스스로 자신을 태울 수 없기 때문입니다. 그런 사람은 자신이 죽지 않음으로 인해 그 몸을 하나님께 드릴 수 없습니다. 그러므로 자기 안에 성령의 불이 있어야 하나님께 자신을 헌신하는 진정한 예배를 드릴 수 있습니다.

이 때 오직 성령의 불로만 자신을 태워야 하며 다른 불을 사용하면 안 됩니다. 자기 영광을 구하기 위한 헛된 열정의 불, 자기 정욕을 채우기 위한 욕정의 불, 육신의 욕심을 추구하는 탐욕의 불, 하나님을 거스리는 거짓된 불로 자신을 태워 드리는 것은 하나님이 아닌 우상을 섬기는 것입니다. 자기 안에 세상적인 욕심과 탐욕에서 나오는 다

른 불로 하나님을 섬기는 자에게는 하나님의 심판이 있습니다. 아론의 두 아들 나답과 아비후는 하나님이 정하지 않은 다른 불을 사용하다 하나님의 불이 나와 죽임을 당했습니다.

성막에 들어와서 자기 몸을 하나님께 번제로 드리지 않는 사람은 성전 마당만 밟고 돌아가는 것입니다. 성령의 불이 없는 사람은 자신이 하나님 앞에 태워지지 않은 채 그대로 살아서 돌아갑니다. 뜰에 들어서면 번제단에 자신이 죽어야 하는데, 죽지 않고 살아서 돌아가는 것은 계속 옛 사람으로 살아가는 것입니다. 그런 사람은 뜰의 단계에서 옛 사람이 변화되지 못한 채 옛 모습에 머물게 됩니다.

뜰은 그곳에 머물러 있으라고 있는 곳이 아닙니다. 성소로 들어가기 위해 미리 준비하는 과정입니다. 이 뜰에서 자기 몸을 번제단에 드리는 사람만 하나님이 계시는 곳을 향해 다음 단계로 나갈 수 있습니다. 아직 자기를 위해 살고자 하는 사람은 자기 몸을 하나님께 드리는 것이 어렵습니다. 자기 육신을 위해 살려고 하는 사람은 자기 육신을 죽이는 것을 힘들어 합니다. 그래서 자신을 태울 수 있는 성령의 불이 필요합니다. 성령은 우리가 육신으로 인해 할 수 없는 그것을 할 수 있는 능력을 주시기 때문입니다.

물두멍

번제단을 지나 성소에 들어가려면 그 앞에 물두멍이 놓여있습니다. 제사장들은 성소에 들어가기 전 이 물두멍에서 손과 발을 씻어야 합니다. 거룩한 성소에 들어가기 전에 자신의 더러운 것을 깨끗이 씻어야 하기 때문입니다.

출애굽기 30:19
아론과 그의 아들들이 그 두멍에서 수족을 씻되

출애굽기 30:20
그들이 회막에 들어갈 때에 물로 씻어 죽기를 면할 것이요 제단에 가까이 가서 그 직분을 행하여 여호와 앞에 화제를 사를 때에도 그리 할지니라

출애굽기 30:21
이와 같이 그들이 그 수족을 씻어 죽기를 면할지니 이는 그와 그의 자손이 대대로 영원히 지킬 규례니라

제사장이 물두멍에서 수족을 씻지 않은 채 거룩한 성소에 들어가면 죽습니다. 자기를 정결하게 해야 성소에 들어갈 수 있습니다. 성소는 거룩한 곳이기에 거룩하지 않은 더러운 몸으로는 들어갈 수 없습니다.

이것은 예수 그리스도의 십자가 보혈로 죄 사함을 받은 사람만 성소에 들어갈 수 있음을 의미합니다. 그렇지 않으면 성막에 들어왔어도 뜰에만 머물다 돌아가는 삶을 반복합니다.

이사야 1:12

너희가 내 앞에 보이러 오니 이것을 누가 너희에게 요구하였느냐 내 마당만 밟을 뿐이니라

뜰은 성소 안으로 들어가기 위한 준비를 하는 곳입니다. 뜰 안에 들어와 머무는 것으로 만족해서는 안 됩니다. 뜰에 머물며 매주 교회 마당만 밟는데 그치는 단계에서 벗어나야 합니다. 교회 다니는 그 자체가 목적이 아니라 지성소에서 하나님을 만나는 것이 신앙의 목표가 되어야 합니다. 자기 신앙을 새롭게 하고자 한다면 이 뜰의 차원을 넘어가야 합니다. 이 뜰에서는 하나님을 만날 수 없기 때문입니다.

이를 위해서는 먼저 자기 옛 사람을 성령의 불에 태워야 합니다. 하나님께 가까이 가기 위해서는 자기 삶을 하나님께 드리고자 하는 헌신이 필요합니다. 그리고 자기 죄를 회개하며 예수 그리스도의 피로 정결함을 덧입어야 합니다. 죄가 우리와 하나님 사이를 갈라놓기 때문입니다. 이제 자기 인생을 새롭게 하기 원한다면 이 뜰의 단계를 벗어나 성소 안으로 들어가는 신앙에 도전해야 합니다.

성소

성막 안에 들어와 뜰의 단계를 통과하면 성소로 들어가게 됩니다. 성소에는 떡상, 등잔, 분향단이 있습니다. 제사장은 성소에서 이 세 가지를 섬기는 일을 합니다.

향단

향단은 향을 피우는 제단입니다. 향단은 성소 안으로 들어가면 정면에 지성소와 가까운 휘장 앞에 놓여있습니다. 그 향단에는 숯불을 담은 금향로가 있습니다. 제사장은 이 향로에 아침 저녁으로 향을 태워 하나님께 올려드려야 합니다. 이 때 하나님이 정하신 향만 태워야 하며 다른 향을 태우면 안 됩니다.

출애굽기 30:7

아론이 아침마다 그 위에 향기로운 향을 사르되 등불을 손질할 때에 사를지며

출애굽기 30:8

또 저녁 때 등불을 켤 때에 사를지니 이 향은 너희가 대대로 여호와 앞에 끊지 못할지며

출애굽기 30:9

너희는 그 위에 다른 향을 사르지 말며 번제나 소제를 드리지 말며 전제의 술을 붓지 말며

이 향은 이 땅에서 하나님께 올려드리는 우리의 기도를 뜻합니다. 하나님은 이 향을 사르는 것을 하나님 앞에 대대로 끊지 못한다고 했습니다. 제사장이 향단에 향이 끊어지게 하면 그의 직분 또한 끊어집니다. 마찬가지로 우리의 신앙에 기도의 향이 끊어지지 않게 해야 합니다. 그 기도의 향이 끊어지면 자신의 영적 생명도 끊어집니다.

또한 향을 올려드리되 하나님이 정하신 향만 태우고 다른 향을 사르지 말아야 합니다. 우리도 하나님 앞에 합당한 기도만 드려야 하며 다른 기도를 드리면 안 됩니다. 정욕을 위해 구하는 것과 죄를 품고 하는 기도는 하나님께서 듣지 않습니다.

성소에서 가장 중요한 것은 하나님 보좌로 올려드리는 기도입니다. 우리가 성소에서 올려드리는 기도의 향을 통해 지성소로 올라가기 때문입니다. 대제사장이 지성소에 들어갈 때 향로의 불에 태운 향을 담아 들어가게 했습니다. 이는 우리가 성소에서 올려드리는 기도를 천사가 금향로에 담아 하나님 보좌로 올려드리는 것을 의미합니다.

요한계시록 8:3
또 다른 천사가 와서 제단 곁에 서서 금 향로를 가지고 많은 향을 받았으니 이는 모든 성도의 기도와 합하여 보좌 앞 금 제단에 드리고자 함이라
요한계시록 8:4
향연이 성도의 기도와 함께 천사의 손으로부터 하나님 앞으로 올라가는지라

성소에 들어온 사람은 매일 기도의 향이 꺼지지 않게 항상 기도를 올려드려야 합니다. 우리가 올려드리는 그 기도의 향연으로 자신의 영이 하나님 보좌가 있는 지성소로 들어가게 됩니다. 보좌로 올라가는 기도를 통해 우리의 영이 하나님과 연결됩니다.

그러므로 우리의 기도가 하늘 보좌로 올라가는 기도가 되어야 합니다. 육신에 속한 땅에 머무는 기도는 하늘로 올라가지 않습니다. 자신의 기도 차원이 자기 영적 수준을 결정합니다. 세상 사람들이 구하는 것처럼 자신의 먹고, 입고, 마실 것만 구하는 수준의 기도는 땅에 머물게 됩니다. 예수님은 그의 나라와 의를 먼저 구하는 자에게는 그 모든 것을 채워주신다고 말씀하셨습니다. 하늘 보좌로 올라가는 기도를 통해 자기 영이 하늘 보좌로 올라가는 신앙을 해야 합니다.

등대

성소 안 등대에는 성소의 빛을 비추기 위한 일곱 개의 등잔이 있습니다. 제사장은 이 등잔에 순전한 감람나무 기름을 채워 불을 켜는 일을 합니다. 이 불을 꺼뜨리지 않기 위해서는 부지런히 기름을 채워야 합니다.

출애굽기 27:20
너는 또 이스라엘 자손에게 명령하여 감람으로 짠 순수한 기름을 등불을 위하여 네게로 가져오게 하고 끊이지 않게 등불을 켜되

출애굽기 27:21
아론과 그의 아들들로 회막 안 증거궤 앞 휘장 밖에서 저녁부터 아침까지 항상 여호와 앞에 그 등불을 보살피게 하라 이는 이스라엘 자손이 대대로 지킬 규례이니라

등대 위에 일곱 등불은 성령의 불을 상징하며, 등잔에 채워지는 기름은 성령의 기름부음을 상징합니다. 이것은 우리의 신앙이 지성소로 들어가기 위해서는 성령의 기름 부으심이 충만해야 하는 것을 나타냅니다. 성소는 지성소로 들어가기 위해 준비하는 과정입니다.

성소에서는 부지런히 등잔에 성령의 기름을 채우는 일을 해야 합니다. 그래야 항상 성령의 등불이 꺼지지 않기 때문입니다. 등불은 성소 안에 있는 어둠의 세력을 몰아내며 성소를 밝히는 역할을 합니다. 등불이 꺼지는 즉시 성소는 어둠이 지배하여 깜깜하게 됩니다.

이와 같이 성전된 우리 안에 성령의 불이 꺼지지 않게 해야 합니다. 이를 위해 항상 성령의 기름부으심을 충만하게 준비해야 합니다. 자기 안에 성령의 불이 꺼지면 그 즉시 어둠의 세력이 들어오게 됩니다. 성령의 기름부으심이 없으면 그 어둠의 세력을 이길 수 없어 죄가 틈타게 됩니다. 우리 안에 성령의 등불이 꺼지면 자기 영혼의 등불도 꺼지게 됩니다. 죄가 우리 안에 있는 성령을 소멸하게 합니다. 항상 정결한 영으로 성령의 기름부으심을 채우는 일에 힘써야 합니다. 그래야 성전된 우리 몸에 성령의 불이 소멸하지 않게 됩니다.

떡상

떡상은 성소 안 오른편 북쪽에 놓여있습니다. 제사장은 안식일마다 12개의 떡을 상에 올려드리는 일을 합니다. 매 안식일마다 떡 상에 새로운 떡으로 갈아 올렸습니다. 이 떡은 누룩을 넣지 않은 거룩한 떡으로 제사장 이외에 다른 사람은 먹을 수 없습니다.

레위기 24:8
안식일마다 이 떡을 여호와 앞에 항상 진설할지니 이는 이스라엘 자손을 위한 것이요 영원한 언약이니라

레위기 24:9
이 떡은 아론과 그의 자손에게 돌리고 그들은 그것을 거룩한 곳에서 먹을지니 이는 여호와의 화제 중 그에게 돌리는 것으로서 지극히 거룩함이니라 이는 영원한 규례니라

이 떡은 예수 그리스도의 거룩한 몸을 뜻합니다. 예수님은 자신이 생명의 떡이라고 말씀하셨습니다.

요한복음 6:35
예수께서 이르시되 나는 생명의 떡이니 내게 오는 자는 결코 주리지 아니할 터이요 나를 믿는 자는 영원히 목마르지 아니하리라

이 떡을 먹는다는 것은 예수님과 그의 말씀을 믿는 믿음을 뜻합니다. 우리는 매 안식일마다 올려지는 새롭고 신선한 말씀의 떡을 먹어야 합니다. 그 말씀의 떡을 먹음으로 영적인 믿음이 생기기 때문입니다. 하나님의 성소에서 매 안식일마다 새로운 떡을 올려드리는 것이

제사장이 해야 할 사명입니다. 오래 되어 식은 떡을 올리면 안 됩니다. 그리고 제사장은 하나님께 올려드린 그 떡을 먹어야 합니다. 그것이 제사장에게만 주시는 하나님의 은혜의 분깃이기 때문입니다.

우리는 예수님의 살아있는 새로운 말씀을 들어야 영적 생명이 자라갈 수 있습니다. 매주 그때 자신에게 새롭게 주시는 새 떡을 먹어야 합니다. 이는 지식으로 아는 말씀이 아니라 그때 주시는 영이요 생명의 말씀을 듣는 것입니다.

성소는 지성소로 들어가는 마지막 준비를 하는 곳입니다. 성소 안의 향단, 등불, 떡상 이 세가지는 그것을 섬기는 그 자체가 목적이 아닙니다. 그것을 통해 지성소로 들어갈 준비를 하는 것입니다.

우리는 성소 안에서 거룩한 직분을 충실히 감당하는 그 자체로 만족하면 안 됩니다. 그것은 지성소로 들어가기 위한 준비일 뿐 그 자체가 최종 목적이 아니기 때문입니다. 그러므로 우리의 신앙이 매일 기도하고, 하나님의 말씀을 받고, 성령의 은혜를 받는 그 자체에 머물러 안주하면 안됩니다. 그러면 거룩한 성소 안에서 거룩한 일을 섬기는 그 일에 익숙한 형식적인 종교 생활에 머물게 됩니다. 그것은 우리의 영이 하나님이 계신 지성소로 들어가기 위한 준비 과정이며 우리 신앙의 마지막 단계가 아닙니다.

교회에서 공식적으로 하는 그 기도 자체에 머물고 더 깊은 차원의 기도로 들어가지 않으면 성소 안에 머무는 종교 생활이 됩니다. 매 주일마다 정기적으로 주어지는 예배 말씀에 은혜받는 단계에 만족하며, 성령의 은혜를 기뻐하는 차원에 머물게 되면 더 이상 지성소에 들어가는 소망을 바라보지 않고 그것에 안주하게 됩니다.

우리가 나가야 할 신앙의 목표는 성소에서 거룩한 일을 하는 그 자체가 아니라, 그것을 통해 지성소로 들어가 하나님을 만나는데 있어야 합니다. 비록 성소가 거룩한 곳이기는 해도 하나님의 임재가 있는 곳은 아닙니다. 성소를 지나 지성소에 들어가야만 하나님의 임재가 있고, 하나님은 그곳에서 우리를 만나주십니다. 성소에서 거룩한 일을 섬기며 그것에 안주하고 있다면 이제 더 깊은 신앙으로 나가야 합니다.

지성소

지성소는 성소의 끝 서쪽 편에 휘장으로 가려져 있습니다. 지성소는 지극히 거룩한 곳이라는 뜻입니다. 지성소는 이 세상에서 가장 깊고, 가장 높고, 가장 거룩한 곳입니다. 성소와 지성소 사이는 청색, 자색, 홍색 실로 짠 두꺼운 휘장으로 막혀있습니다. 죄인이 하나님을 보게 되면 죽기 때문에 부지 간에 지성소에 들어가 죽는 것을 막기 위한 것입니다. 율법 시대에 지성소는 가장 두렵고 엄위한 곳이어서 출입 불가 지역이었습니다. 오직 대제사장만 1년에 한 차례 들어갈 수 있는 거룩한 곳입니다.

지성소 안에는 세 가지가 있습니다. 법궤, 속죄소, 그룹입니다. 사실 이것은 하나이기도 합니다. 이는 하나님의 임재, 하나님의 용서하심, 하나님의 은혜를 나타냅니다. 그래서 이 지성소를 은혜가 베풀어지는 곳이라는 의미로 '시은좌'라고 부르기도 합니다. 지성소는 하나님께서 임재하시어 은혜를 베푸시는 장소입니다.

우리는 죄로 인해 하나님과 원수된 상태였기 때문에 하나님께 가까이 나갈 수 없었습니다. 그래서 하나님과 우리 사이는 두꺼운 휘장으로 막혀있었습니다. 이로 인해 율법 아래서는 결코 하나님께 가까이 갈 수도, 하나님을 만날 수도 없었습니다.

그런데 예수 그리스도께서 십자가에 돌아가실 때 그 성소의 휘장이 위에서부터 아래로 찢어졌습니다. 십자가에서 예수님의 몸이 찢겨 죽으실 때, 우리와 하나님을 가로막고 있던 두꺼운 휘장도 찢어졌습니다. 하나님께서 자기 아들의 몸을 십자가에서 찢으실 때 동시에 지성소의 막혔던 휘장도 찢으신 것입니다. 막혀있던 지성소의 휘장이 찢어졌다는 것은 하나님과 우리 사이에 막혔던 담이 허물어졌다는 의미입니다. 예수 그리스도의 십자가의 피가 하나님과 우리 사이에 막혔던 담을 무너지게 한 것입니다. 그러므로 이제 누구든지 예수 그리스도의 피로 인해 하나님이 계시는 지성소에 들어갈 수 있게 되었습니다.

예수님께서 율법 아래에서는 꿈도 꿀 수 없는 일을 십자가에서 이루어 놓으셨습니다. 우리는 예수님의 십자가로 인해 이제 담대히 지성소로 들어갈 수 있게 되었습니다. 예수님이 십자가 보혈로 우리 죄를 용서해주셨기 때문입니다.

히브리서 10:20

그 길은 우리를 위하여 휘장 가운데로 열어 놓으신 새로운 살 길이요 휘장은 곧 그의 육체니라

율법 시대에는 지성소로 들어가는 것이 죽음의 길이었으나 신약에서는 반대로 지성소로 들어가는 길은 죽음에서 새로운 살 길이 되었습니다. 이 지성소는 율법이 통치하는 시내산에서 내려와 갈보리 십자가를 통과한 사람만 들어갈 수 있습니다. 시내산의 율법으로 신앙하는 사람에게는 아직 두꺼운 휘장이 가려 있어 지성소에 들어갈 수 없습니다. 자기 죄를 용서받지 못한 사람은 하나님을 만날 때 자기 죄로 인해 죽기 때문입니다.

지금까지 성막의 뜰에서 성소를 거쳐 지성소에 이르는 과정을 살펴보았습니다. 하나님이 세우신 구약의 성막은 신약시대의 신앙생활의 과정을 구체적으로 설명해주고 있습니다.

이 세상에는 아직 성막 안에 들어오지 못한 채 성막 밖에 거하는 사람이 많습니다. 하나님을 알지 못한 채 세상에 머물고 있는 사람

들입니다. 그리고 성막 안에는 들어왔으나 뜰에만 머물고 있는 사람도 있습니다. 교회는 다니기는 하지만 아직 믿음이 없는 상태입니다. 어떤 사람은 번제단 앞에서 고민하며 왔다 갔다 하기를 반복하며 신앙에 갈등을 겪기도 합니다. 아직 세상에 속한 것을 포기하지 못하기 때문입니다. 그래서 물두멍에 자기 옛 죄를 씻는 것을 망설이기도 합니다.

그러다 하나님의 은혜로 큰 결단을 하게 되어 번제단과 물두멍을 통과하여 드디어 성소에 들어가기도 합니다. 그러나 그 중에도 어떤 사람은 게으르고 충성되지 못해 성소에서 해야 할 일을 못 하는 사람도 있습니다. 기도를 게을리 하여 향단에 향을 태우지 못하기도 하며, 등잔에 기름을 채우는 것을 잊어버린 채 성령의 불을 꺼뜨리기도 하고, 매일 새로운 떡을 올리지 못함으로 하나님의 살아있는 말씀을 듣지 못하기도 합니다.

또 어떤 사람은 성소 안에서 성실과 열심으로 맡은 일에 충성하기도 합니다. 한 번도 실수하지 않고 주어진 사명에 충실하여 많은 사람에게 존경과 칭찬을 받기도 합니다. 그것으로 자기 신앙에 만족하며 그 자리에 안주한 채 지성소에 들어가지 않는 사람도 있습니다.

어느 단계이든 우리가 가야 할 신앙의 목표가 분명하지 않으면 지성소에 가기 전 단계에 머물며 정체되는 신앙이 됩니다. 우리가 가야할 최종 목적지는 하나님이 계시는 지성소입니다. 하나님께서 거기서 우리를 만나주시기 때문입니다. 우리의 신앙이 이 땅에 머물지 않고 하나님이 계시는 하늘 보좌로 올라가는 신앙으로 나가야 합니다. 그곳은 하나님께서 우리에게 말씀하시는 곳이며, 우리가 하나님 안에서 안식하는 곳입니다.

출애굽기 25:22
거기서 내가 너와 만나고 속죄소 위 곧 증거궤 위에 있는 두 그룹 사이에서 내가 이스라엘 자손을 위하여 네게 명령할 모든 일을 네게 이르리라

하나님은 우리가 하나님이 계신 그곳으로 오기를 기다리십니다. 하나님은 그곳에서 우리와 함께 있기를 원하시기 때문입니다.

뜰을 지나고 성소를 지나서 하나님의 임재와 은혜가 있는 곳에서 주님은 우리에게 말씀하기를 원하시고 하나님의 사랑을 체험하기 원하십니다. 예수님이 자신의 존귀한 온몸을 찢어 열어놓으신 생명의 지성소로 담대히 들어가시기 바랍니다.

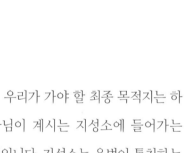

우리가 가야 할 최종 목적지는 하
나님이 계시는 지성소에 들어가는
것입니다. 지성소는 율법이 통치하는
시내산에서 내려와 갈보리 십자가를
통과한 사람만 들어갈 수 있습니다.

나누어 보기

1. 성막이 어떻게 구성되어 있나요?

2. 성막 안에 뜰에는 무엇이 있으며, 그것이 가지고 있는 의미가 무엇인가요?

3. 성소 안에는 무엇이 있으며 그것이 가지고 있는 의미가 무엇인가요?

4. 지성소에는 무엇이 있으며 그 의미가 무엇인가요?

5. 신앙의 최종 목적이 무엇이며, 지성소에 어떻게 들어갈 수 있는지 나누어 보세요.

히브리서 4:9-11

⁹ 그런즉 안식할 때가 하나님의 백성에게 남아 있도다 ¹⁰ 이미 그의 안식에 들어
간 자는 하나님이 자기의 일을 쉬심과 같이 그도 자기의 일을 쉬느니라 ¹¹ 그러므
로 우리가 저 안식에 들어가기를 힘쓸지니 이는 누구든지 저 순종하지 아니하는
본에 빠지지 않게 하려 함이라

7
chapter

안식에 들어가라

우리는 예수 그리스도의 십자가의 은혜로 지성소에 담대히 들어
갈 수 있는 특권을 받았습니다. 이제 지성소에 들어가는 것이 구체적
으로 무엇인지 보고자 합니다. 결론적으로 그것은 하나님의 '안식'에
들어가는 것입니다. 지성소에 들어간다는 말과 하나님의 안식에 들
어간다는 말은 같은 의미입니다. 지성소는 하나님의 임재 가운데 자
기 일을 쉬고 안식하는 곳이기 때문입니다.

하나님은 우리에게 그 안식에 들어가기를 힘쓰라고 하셨습니다.
우리에게는 아직 안식에 들어갈 기회가 남아있기 때문입니다. 하지
만 기회가 있다고 해서 자동적으로 안식에 들어가게 되는 것은 아닙
니다. 안식에 들어갈 약속이 남아 있을지라도 우리 편에서 힘써야 안
식에 들어갈 수 있습니다. 그러므로 안식에 들어가는 것을 위해 힘쓰
고 애써야 합니다. 우리가 이 땅에서 해야 할 최종적인 목표는 하나님

안에서 안식하는 것이기 때문입니다.

신약에서 말씀하는 안식은 구약의 출애굽 사건을 통해 보다 잘 이해할 수 있습니다. 구약은 이스라엘 백성들의 출애굽 여정을 통해 하나님이 약속하신 안식을 보여주고 있습니다. 이스라엘 백성들은 애굽의 노예 생활에서 하나님의 은혜로 애굽에서 탈출하게 됩니다. 그들은 애굽을 나와 하나님의 기적적인 은혜로 홍해를 건너는 큰 관문을 통과했습니다. 그러나 홍해를 건너는 것으로 모든 것이 다 이루어진 것은 아니었습니다. 그 이후 긴 광야의 과정을 거쳐야 했습니다. 하나님이 약속하신 가나안 땅은 그냥 들어가기만 하면 저절로 차지하게 되는 땅이 아니었습니다. 그들이 가는 곳마다 그들을 대적하는 험난한 장애물을 이기고 나가야 했습니다.

그 땅에 거주하는 가나안 7 족속과 싸워서 그 땅을 정복해야만 했습니다. 그런 과정에서 모든 이스라엘 백성이 다 가나안에 들어간 것은 아닙니다. 가나안에 들어가리라는 약속을 받은 이스라엘 백성 1세대는 거의 약속의 땅에 들어가지 못한 채 광야에서 죽었습니다. 안식의 땅에 들어가는 것은 저절로 되는 것이 아니라 들어가기를 힘써야만 들어갈 수 있기 때문입니다.

그러므로 안식에 들어가지 못하게 하는 장애물이 무엇이며, 그것을 어떻게 극복해야 하는지를 생각해보고자 합니다.

안식에 들어가지 못하게 하는 것

이스라엘 백성 중 출애굽 1세대는 안식에 들어갈 약속을 받았음에도 40년 동안 광야에서 방황하며 고생만 하다 죽었습니다. 그들은 애굽을 나와 홍해를 건너는 하나님의 큰 은혜를 받았지만, 믿음이 없어 하나님을 불신하며 원망 불평 했습니다.

> 히브리서 3:18
>
> 또 하나님이 누구에게 맹세하사 그의 안식에 들어오지 못하리라 하셨느냐 곧 순종하지 아니하던 자들에게가 아니냐
>
> 히브리서 3:19
>
> 이로 보건대 그들이 믿지 아니하므로 능히 들어가지 못한 것이라
>
> 히브리서 4:11
>
> 그러므로 우리가 저 안식에 들어가기를 힘쓸지니 이는 누구든지 저 순종하지 아니하는 본에 빠지지 않게 하려 함이라

안식은 하나님 말씀에 믿음으로 순종하는 것을 통해 들어갈 수 있습니다. 이스라엘 백성은 하나님 말씀을 믿지 못하고 불순종함으로 안식에 들어가는 데 실패했습니다. 그들이 능력이 부족하거나 힘과 지혜가 부족해서가 아닙니다. 하나님이 약속하신 말씀을 믿지 못하는 불신으로 안식에 들어가지 못했습니다.

교회를 다녀도 하나님의 말씀에 순종하지 않는 사람은 하나님의

안식이 없습니다. 불순종에서 나오는 불평과 원망이 하나님의 안식으로 들어가는 것을 막기 때문입니다. 그러면 이스라엘 백성들이 광야에서 40년 동안 고생만 하다 죽은 것과 같은 삶이 됩니다. 하나님의 말씀을 믿지 않으면 그 말씀에 불순종하게 되며, 하나님께 불순종하는 사람은 하나님에 대한 원망과 불평하는 말로 죄를 짓게 됩니다.

이스라엘 백성은 그들이 애굽을 나온 이후 홍해 바다 앞에서부터 원망 불평하기 시작했습니다. 그들은 출애굽이라는 하나님의 큰 은혜를 받고도 어려운 사건을 만날 때마다 하나님과 모세를 원망하고 불평했습니다. 이처럼 하나님의 말씀에 대한 믿음이 없으면 원망 불평하는 죄로 고생만 하다 광야에서 죽는 인생이 됩니다.

하나님은 이와 같이 약속을 받고도 안식에 들어가지 못하는 이런 나쁜 본이 되지 않도록 안식에 들어가기를 힘쓰라고 말씀하십니다. 그렇지 않으면 우리도 불순종하던 그들과 같은 죄에 빠지기 때문입니다.

이스라엘 백성이 애굽에서 나온 목적은 광야에서 좋은 떡과 맛있는 고기를 먹는데 있지 않습니다. 광야 같은 이 세상에서 떡 먹고 고기 먹는데 안주하려고 하면 오히려 광야에서 원망 불평으로 고생만 하다 죽는 인생이 됩니다. 우리가 안식에 들어가는 것을 막는 최대의 장애는 하나님의 약속에 대한 불신으로 인한 불순종입니다.

안식에 들어가기 위해 힘써야 할 것

우리의 삶은 애굽같은 이 세상으로부디 탈출한 것으로 모든 섯이 끝난 것은 아닙니다. 홍해를 건너는 것과 같은 엄청난 기적을 체험했다고 우리 인생에 모든 것이 다 이루어진 것도 아닙니다. 하나님의 어떤 큰 은혜와 능력을 경험했을지라도 최종 목적지인 안식에 들어가기 전까지는 가야 할 여정이 남아있습니다. 아직 광야에 있는 신앙은 안식에 들어가기를 힘써야 할 단계입니다.

하나님은 모세를 통해 이 땅에 성막을 만들게 하신 후 그 성막에서 모세를 만나주셨습니다. 하나님의 안식에 들어가는 것은 성막의 지성소로 들어가는 것입니다. 우리는 앞 장에서 성막의 각 단계에서 힘써야 할 것들을 개괄적으로 살펴보았습니다.

우리가 안식에 들어가기 위해 성막의 각 단계에서 힘써야 할 것들을 조금 더 깊이 살펴보고자 합니다.

뜰에서 힘써야 할 것

성막의 첫 단계인 뜰은 세상에 속한 곳과 하나님께 속한 거룩한 곳을 구분하는 장소입니다. 뜰에서는 그동안 세상에서 지었던 자기 죄를 회개함으로 하나님께 자신의 몸을 번제로 드린 후 물두멍에 더러운 몸을 씻기에 힘써야 합니다.

헌신

하나님께 자신을 헌신하는 것은 번제단에 자기 몸을 산 제물로 올려 드리는 것입니다. 뜰에 들어선 자는 먼저 그동안 세상을 위해 드렸던 자기 몸을 번제단에 태워 하나님께 산 제물로 드리기에 힘써야 합니다.

로마서 6:13
또한 너희 지체를 불의의 무기로 죄에게 내주지 말고 오직 너희 자신을 죽은
자 가운데서 다시 살아난 자 같이 하나님께 드리며 너희 지체를 의의 무기로
하나님께 드리라

성막에 들어오기 전 우리는 세상을 위해 자기 몸을 불의의 무기로 죄에 내어주었습니다. 자기 몸을 죄를 짓는 도구로 사용하는 정욕의 불에 태워 세상에 드렸습니다. 그런 삶에는 안식이 없는 고통만 있을 뿐입니다.

이제 하나님의 안식에 들어가고자 한다면 자기 몸을 의의 무기로 하나님께 드리기에 힘써야 합니다. 헌신은 자신의 삶 전체를 온전히 하나님께 희생제물로 드리는 것입니다. 자기 것을 따로 남겨두는 것은 헌신이 아니라 자기 몸에 누룩과 같은 죄를 감추는 것입니다.

하나님께 온전히 자신을 드리지 않는 삶에는 하나님의 안식이 없

습니다. 하나님께 전부를 드리지 않는 자에게는 하나님도 우리에게 전부를 주시지 않습니다. 그동안 세상에 빼앗긴 자기 삶을 하나님께 온전히 드릴 때 하나님의 안식에 들어갈 수 있습니다. 하나님이 지으신 자기 몸을 하나님께 돌려드릴 때 하나님이 우리를 산제물로 받으시기 때문입니다.

성결

성소로 들어가기 위해서는 번제단을 거친 후 물두멍에 자기 몸을 깨끗하게 씻어야 합니다. 이것은 세상으로부터 자기 손과 발에 묻은 죄를 씻어냄으로 자신을 거룩하게 하는 것입니다. 하나님은 거룩하시므로 자신을 거룩하게 하는 자만 하나님을 볼 수 있습니다.

마태복음 5:8
마음이 청결한 자는 복이 있나니 그들이 하나님을 볼 것임이요

거룩하신 하나님을 만나려면 말씀과 기도로 우리 영혼을 더럽히는 죄를 먼저 회개해야 합니다. 그로 인해 하나님 앞에 양심에 걸리는 것이 없어야 합니다. 사람과의 관계에 용서하지 못함으로 묶여 있는 문제가 있으면 십자가의 은혜로 풀어야 합니다. 또한 하나님 앞에 닫혀있는 물질 문제, 음란과 정욕의 문제, 인터넷 중독, 마음의 상처와 쓴 뿌리로 원망과 불평하는 문제에 묶여있다면 용서와 회개로 그것

을 물두멍에 씻어야 합니다. 이 단계를 거치지 않고는 성소에 들어갈 수 없기 때문입니다.

우리가 해결할 수 없는 어떤 죄 문제라도 우리 입술로 그것을 고백하고 회개하면 예수님의 보혈로 깨끗하게 용서해주십니다. 우리 안에 이러한 예수 그리스도의 십자가의 보혈이 있어야 그것으로 하나님의 보좌 앞으로 담대히 나갈 수 있습니다.

성소에서 힘써야 할 것

뜰의 단계를 거친 사람은 거룩한 성소로 들어갈 수 있습니다. 성소는 제사장이 하나님의 일을 섬기며 매일 영적인 삶을 살기에 힘쓰는 곳입니다.

기도

성소에서 제사장은 향단에 있는 향로에 향을 태워 하늘 보좌로 올려드리는 일에 힘써야 합니다. 이것은 매일 하나님의 보좌로 올라가는 기도에 힘쓰는 것입니다. 아브라함, 모세, 다윗 등 하나님의 사람들은 기도를 통해 지성소에 들어가 하나님을 만났습니다. 우리 신앙의 한계를 돌파하는 것은 기도를 통해서 이루어집니다. 우리는 깊은 기도를 통해 성소와 지성소 사이를 가로막은 휘장을 돌파하고 지성소에 들어갈 수 있습니다. 우리의 기도가 땅에 머무는 차원을 넘어서 하늘 보좌로 올라가는 기도의 돌파가 일어날 때 우리 앞에 막힌 휘장이 걷혀질 것입니다.

매일 반복하는 타성에 젖은 형식적인 기도는 우리를 육신의 차원에 머물게 함으로 자신의 한계를 깨뜨리지 못합니다. 자기 육신의 한계를 돌파하기 위해서는 야곱과 같이 얍복강에서 환도뼈가 꺾이는 기도의 단계로 나가야 합니다. 그런 기도가 자기 혼과 육을 십자가에 못 박혀 죽게 함으로 지성소의 휘장을 통과하게 합니다. 예수님도 십자가를 지시기 위해 땀방울이 핏방울처럼 될 정도로 기도하심으로 성소의 휘장을 찢으셨습니다. 인생이 변화되는 기도의 응답은 자신의 강한 옛 사람이 죽어지는 그때 주어집니다.

성령의 기름부음

제사장은 성소 안의 등잔에 불을 밝히는 일을 힘써야 합니다. 이를 위해 매일 감람나무 기름을 부지런히 채워야 했습니다. 이 등불은 성소 안에 어둠의 세력을 쫓아내는 역할을 합니다.

우리 몸은 하나님의 성령이 거하는 거룩한 성전입니다. 성전 된 우리 몸에 불을 꺼뜨리지 않기 위해서는 항상 성령의 기름을 채우는 삶을 살아야 합니다. 그렇지 못하면 등불이 꺼져 어둠의 세력에 잡히게 됩니다. 어둠에 잡히면 보는 것이 어둡게 되고, 마음에 품는 것이 어둡게 되며, 생각하는 것이 어둡게 됩니다. 그러면 결국 그 삶이 어두워 죄에 넘어집니다. 성령의 불을 꺼뜨리는 것이 어둠의 세력인 죄입니다. 죄는 우리 안에 성령을 소멸하게 합니다. 우리는 어둠의 세력을 이기기 위해 기도로 성령의 기름부음을 채우는 일에 힘써야 합니다.

말씀

제사장은 성소에서 안식일마다 새로운 떡을 올리는 일을 힘써야 합니다. 이 떡은 예수 그리스도의 말씀입니다. 우리는 매 안식일마다 선포되는 하나님의 말씀을 영으로 받기에 힘써야 합니다. 하나님은 말씀을 통해 우리를 만나주시기 때문입니다.

하나님은 때를 따라 우리에게 신선한 영의 양식을 공급해주십니다. 날마다 하나님이 주시는 새로운 말씀을 먹어야 새로운 믿음과 능력이 주어집니다. 매주 예배 때마다 주어지는 말씀의 새 떡을 먹기에 힘써야 합니다. 새 떡을 먹지 못하는 사람은 묵은 떡에 만족하며 과거 시점에 정체된 신앙을 하게 됩니다. 그때 그때 시즌을 따라 선포되는 하나님의 말씀을 받지 못하면 하나님이 행하시는 새 일에 따라가지 못하고 묵은 포도주만 고집하며 안주하게 됩니다. 그러면 스스로 낡은 가죽 부대로 율법에 매인 삶이 됩니다.

지금까지 지성소의 안식에 들어가기 위해 성소에서 힘써야 할 세 가지를 살펴보았습니다. 기도의 향을 힘써 올려드리는 것과 성령의 기름부음을 채워 힘써 성령의 등불을 밝히는 것, 그리고 매주 선포되는 새로운 떡인 하나님의 말씀을 힘써 받는 것입니다. 이 세 가지가 하나님의 안식에 들어가는 통로가 됩니다.

그러나 그런 행위 자체로 지성소에 들어가게 되는 것은 아닙니다. 바리새인과 서기관, 제사장들도 다 말씀과 기도와 성소에서 섬기는 일은 성실하게 잘 하려고 했습니다. 그럼에도 그들은 지성소에 들어가 하나님의 안식을 누리지는 못했습니다. 하나님을 섬기되 율법의 조문으로 종교적인 일을 하는 차원에서 했기 때문입니다.

예수님은 서기관, 바리새인들 속에 하나님을 사랑하는 것이 없음을 말씀하신 적이 있습니다. 그들은 하나님의 거룩한 일을 단지 종교적인 율법으로 했기에 지성소를 가로막고 있는 휘장을 돌파하지는 못했습니다. 거룩한 일을 한다고 다 지성소에 들어가는 것이 아니기 때문입니다. 구약에서 지성소에 들어간 대제사장은 자신의 의로운 행위로 들어간 것이 아니라 오직 짐승의 피를 가지고서야 들어갈 수 있었습니다.

이와 같이 예수 그리스도의 십자가의 보혈을 의지하지 않는 기도, 십자가 없는 예배와 말씀, 십자가를 통과하지 않은 종교 행위로는 지성소에 들어갈 수 없습니다. 그것은 모두 율법적인 자기 의로 하는 것이기 때문입니다. 지성소의 휘장은 우리의 노력이나 행위가 아니라 오직 예수님의 십자가로만 찢어집니다.

지성소에서 하는 일

지성소에는 대제사장이 피를 가지고 들어갔듯이, 오직 예수 그리스도의 피를 가진 자만 들어갈 수 있습니다. 지성소는 이 땅에 속한 곳이 아니라 하늘에 속한 영역입니다. 지성소 안에서는 이 땅에서의 자기 일을 쉬고 하나님의 임재 안에서 안식합니다.

히브리서 4:10

이미 그의 안식에 들어간 자는 하나님이 자기의 일을 쉬심과 같이 그도 자기의 일을 쉬느니라

주님의 안식에 들어간 자는 지성소 밖에서 하던 자기 일을 쉽니다. 우리가 지성소 안에서 하는 것은 하나님의 임재 안에서 하나님의 말씀을 듣는 것 뿐입니다. 그곳은 하나님이 통치하시는 곳으로 우리가 무엇을 할 수 있는 영역이 아닙니다. 오직 하나님만이 모든 일을 계획하시고 주관하시고 통치하십니다.

이 세상에서 일어나는 모든 일은 하나님의 보좌인 지성소에서 다 계획되고 완성됩니다. 하나님이 온 우주의 왕으로 이 세상의 창조자이시며 주관자이시기 때문입니다. 그 하나님이 일하시는 지성소에서 우리가 할 수 있는 일은 아무 것도 없습니다. 이 세상에서 일어나는 모든 일은 하나님의 보좌에서 하나님이 계획하시고 이미 완성하신 그것이 이 땅에 풀어진 결과입니다. 그곳에서 이미 이루어진 것이 이 땅에 실제화 되어 나타나는 것입니다. 그래서 예수님은 하나님의 뜻이 하늘에서 이루어진 것이 이 땅에서 이루어지도록 기도하라고 하

셨습니다.

이와 같이 하나님의 일을 하는 사람들은 자신이 무슨 일을 계획하고 만들어서 하는 것이 아닙니다. 아브라함, 모세, 다윗 같은 믿음의 선진들이 위대해 보이지만 사실은 그들 자신이 위대한 일을 만들어 한 것은 아닙니다. 그들은 지성소에서 하나님께서 이미 계획하시고 이루어 놓으신 하나님의 일을 보고, 듣고, 그것을 믿음으로 순종하여 이 땅에 풀어놓는 일을 했을 뿐입니다.

모세

모세는 시내산에 올라가 그곳에서 40일 동안 하나님과 대면하는 시간을 가졌습니다. 그때 하나님의 임재 안에서 모세 오경에 기록된 엄청난 분량의 하나님 말씀을 들었습니다. 그 임재 안에서 모세가 행한 것은 아무 것도 없습니다. 그는 단지 하나님의 임재 안에 안식하며, 하나님께서 천지를 창조하신 창세기부터 출애굽기, 레위기, 민수기, 신명기에 달하는 엄청난 내용의 말씀을 들었을 뿐입니다.

우리가 알고 있는 하나님께서 동풍을 일으켜 홍해를 가른 일, 마라의 쓴 물을 달게 만들고 므리바의 반석에서 물이 나오게 한 일은 모두 모세에게서 나온 일이 아닙니다. 이미 하나님의 안식 안에서 하나님이 계획하시고 완성하신 그 일을 모세가 순종하여 이 땅에 풀어놓은 것입니다.

출애굽기 17:6

내가 호렙 산에 있는 그 반석 위 거기서 네 앞에 서리니 너는 그 반석을 치라 그 것에서 물이 나오리니 백성이 마시리라 모세가 이스라엘 장로들의 목전에서 그 대로 행하니라

그 모든 것은 하나님께서 하늘에서 이미 계획하시고 이루신 일을 모세에게 알려주신 것입니다. 모세가 이 땅에서 반석을 치기도 전에 그 일이 계획되었을 뿐 아니라 이미 물이 나오는 것이 완성되었습니다. 반석에서 물이 나오는 것은 이미 이루어진 일이며, 그것을 백성이 마시게 되는 것도 그 물이 나오기 전에 이미 하나님 안에서 완성된 일입니다. 모세는 지성소에서 이것을 들은 그대로 행한 것 뿐입니다. 모세가 그것을 완성하신 하나님의 말씀에 순종할 때 하늘에서 계획된 것이 이 땅에 풀어지며 반석에서 물이 나왔습니다. 이것이 하나님의 안식에서 나오는 하나님의 능력입니다.

이렇게 하나님께서 하늘의 지성소에서 이미 계획하시고 완성하신 그 일을 이 땅에 풀어내는 것이 우리가 해야 할 사역입니다. 하나님의 안식 안에서는 사람이 할 일이 아무것도 없습니다. 오직 하나님 한 분만 권능으로 통치하십니다. 하나님이 하신 일을 믿고 순종하는 것이 지성소에서 안식하는 신앙입니다. 이것이 이 땅에서 모세가 엄청난 일을 할 수 있었던 이유입니다.

다윗

다윗은 하나님의 마음에 합한 사람입니다. 그는 적과 전쟁할 때마다 항상 승리했고, 하는 일마다 형통했습니다. 그것은 그의 개인적인 능력이 아니라 하나님의 안식에서 나온 것이었습니다.

어느 날 블레셋 군대가 이스라엘을 공격하기 위해 르바임 골짜기에 가득 집결했습니다. 이때 다윗은 기도로 지성소에 들어가 하나님을 만났습니다. 그는 그곳에서 안식하는 중에 하나님의 말씀을 들었습니다.

사무엘하 5:19

다윗이 여호와께 여쭈어 이르되 내가 블레셋 사람에게로 올라가리이까 여호와께서 그들을 내 손에 넘기시겠나이까 하니 여호와께서 다윗에게 말씀하시되 올라가라 내가 반드시 블레셋 사람을 네 손에 넘기리라 하신지라

블레셋과의 전쟁에 대한 모든 것은 다윗이 하나님의 안식 안에 있을 때 다 계획되고 그 결과도 이미 완성되었습니다. 그 안에서 다윗이 한 것은 아무 것도 없고 오직 하나님의 말씀만 들었습니다. 그 전쟁에 대해 다윗이 하는 일은 그곳에서 들은 말씀에 믿음으로 순종하는 것뿐입니다.

사무엘하 5:20

다윗이 바알브라심에 이르러 거기서 그들을 치고 다윗이 말하되 여호와께서
물을 흩음 같이 내 앞에서 내 대적을 흩으셨다 하므로 그 곳 이름을 바알브라
심이라 부르니라

다윗은 하나님께서 이미 자신의 대적을 물을 흩음같이 흩으신 것
을 안식 안에서 들었습니다. 그리고 그것을 믿음으로 받았습니다. 블
레셋과의 전투에서 승리한 것은 이미 하늘에서 이루어진 것인데 다
윗이 믿음으로 그것을 땅에 풀어놓은 것입니다.

바알 브라심의 승리는 다윗의 전술이나 능력에서 나온 것이 아닙
니다. 그것은 다윗이 하나님의 안식 안에 들어갔을 때 거기서 이미 받
은 것입니다. 그래서 다윗은 자기가 대적을 이겼다고 하지 않고 여호
와께서 내 대적을 흩으셨다고 고백했습니다. 다윗을 승리하게 한 능
력이 하나님의 안식에서 나왔기 때문입니다.

이와 같이 이 땅에서 이루어지는 모든 일은 이미 하늘에서 이루어
진 것이 나타나는 것일 뿐입니다. 누구든지 하나님의 안식 가운데 하
늘에서 이루어진 것을 받아 그것에 순종할 때 이 땅에 그 일이 풀어
지게 됩니다.

예수님

예수님은 우리의 모든 삶에 본이 되십니다. 하나님은 이 땅에서 우

리가 어떻게 살아야 하는지를 예수님을 통해 배우게 하셨습니다. 예수님께서는 이 땅에서 하루 일정을 매우 바쁘게 보내셨습니다. 새벽부터 밤늦게까지 사역하셨고, 때로는 식사하실 시간도 없을 정도로 군중들이 따라다녔습니다. 그럼에도 불구하고 예수님은 매일 하루의 첫 시간을 새벽에 기도하는 것으로 시작하셨습니다.

마가복음 1:35
새벽 아직도 밝기 전에 예수께서 일어나 나가 한적한 곳으로 가사 거기서 기도하시더니

예수님은 하루 첫 시간을 하나님의 임재 안에 안식하시는 것으로 시작했습니다. 그 시간에 하나님께서 그날 예수님이 해야 할 모든 것을 다 계획하시고, 보여주시고, 말씀해 주시기 때문입니다. 예수님이 하실 모든 일은 이미 그 안에서 결정되고 완성됩니다. 예수님은 하나님이 보여주신 그대로 순종하실 뿐입니다. 예수님은 그 외에 자기 스스로 아무 것도 계획하시거나 다른 일을 하지 않으셨습니다.

요한복음 5:19
그러므로 예수께서 그들에게 이르시되 내가 진실로 진실로 너희에게 이르노니 아들이 아버지께서 하시는 일을 보지 않고는 아무 것도 스스로 할 수 없나니 아버지께서 행하시는 그것을 아들도 그와 같이 행하느니라

예수님은 하나님이 보여주시고 알려주시는 것 외에 그 어떤 일도 하시지 않았습니다. 하나님의 안식 안에서 하나님께서 이미 이루신 그 일을 이 땅에 풀어놓으시는 일만 하셨습니다. 이것이 완전한 하나님의 일입니다.

어느 날 예수님께서 사마리아 땅으로 가시게 되었습니다. 그곳에 있는 한 여인을 만나시기 위해 사람들이 다니지 않는 뜨거운 낮 시간에 가셨습니다. 일반적으로 뜨거운 중동 지역에서 그 시간에 그 길을 가는 것은 상식적으로 이해하기 어려운 일입니다. 그러나 예수님께서는 이미 하나님의 안식 안에서 그 여인을 그 시간에 구원하는 일이 완성되었기 때문에 하나님이 보여주신 것에 순종하여 그곳에 가신 것입니다. 하나님이 보여주신 것대로 하나님의 때에 순종하지 않으면 그 여인을 만날 수 없기 때문입니다.

그 여인을 만나는 것은 예수님이 갑자기 계획하신 일이 아닙니다. 예수님이 하시는 일은 하나님의 안식에 들어가서 하나님이 보여주시는 그것을 순종하는 것뿐입니다. 사람이 계획한다면 그 여인을 만나기 위해 가기는 하지만 뜨거운 정오 시간이 아니라 서늘한 아침이나 저녁 시간을 택하여 갔을 것입니다. 사람의 계획대로 그렇게 한다면 하나님의 계획은 이루어지지 않게 됩니다. 하늘에서 하나님의 안식에서 나오지 않은 일은 이 땅에 이루어지지 않습니다. 그것은 사람이 계획하고 이 땅에서 나온 것이기 때문입니다.

예수님은 하루 사역을 마친 후 따로 산에 올라가 다시 하나님의 안식에 들어가는 시간을 가지셨습니다.

마태복음 14:23
무리를 보내신 후에 기도하러 따로 산에 올라가시니라 저물매 거기 혼자 계시더니

예수님의 사역 핵심은 하나님의 안식에 들어가는데 있습니다. 그곳에서 하나님은 예수님이 하실 일을 계획하시고 완성하신 것을 보여주시기 때문입니다. 예수님은 하나님이 이미 이루어 놓으신 것을 순종하심으로 이 땅에 시행하실 뿐입니다.

예수님께서 삭개오를 찾아가시고, 혈루증 여인을 고치시고, 나병 환자를 고치시는 일은 하나님의 안식 안에서 이미 이루어진 것을 보시고 그것을 시행하신 것입니다. 예수님이 여리고로 들어가는 길에 그때 갑자기 삭개오를 처음 보신 것이 아닙니다. 예수님은 이미 하나님의 안식 안에서 그를 보셨습니다. 키가 작은 한 사람이 나무 위에 올라가 예수님을 간절히 보기를 사모하는 그 모습을 알고 있었습니다. 그리고 삭개오라는 그의 이름과 그가 세리장인 것도 미리 다 보아서 알고 있었습니다. 하나님께서 이미 그날 그를 구원하신 것도 다 보셨습니다. 그래서 삭개오를 보자마자 알아보시고 그 이름을 부르시

고 그의 구원을 선포하신 것입니다.

이처럼 예수님은 하나님이 보여주신 것만 행하시고, 하나님이 보여 주신 것대로만 순종하셨기에 예수님이 하시는 모든 일은 완전하게 이루어질 수밖에 없었습니다. 예수님이 고쳐주시는 사람이 다 치유되는 것은 하늘에서 이미 그것이 완성된 것을 행하시기 때문입니다. 이것이 하나님 안에서 안식하는 삶이며, 예언적인 삶입니다.

이에 비해 사람들은 모든 것을 자기가 원하는 것을 스스로 계획하여, 자신의 힘으로, 자기 때를 따라 행하려 합니다. 그런 일은 자기 뜻대로 되지 않습니다. 땅에서 계획하여 땅의 일을 이루려 하기 때문입니다. 아무리 우리가 노력해도 하늘에서 이루어지지 않은 일은 결코 땅에서 이루어지지 않습니다. 하나님께서 하늘에서 계획하신 것들만 하나님의 사람을 통해서 이 땅에 이루어지게 하시기 때문입니다.

잠언 16:9
사람이 마음으로 자기의 길을 계획할지라도 그의 걸음을 인도하시는 이는 여호와시니라

어느 날 예수님께서 베데스다 연못을 찾았습니다. 이미 예수님께서 기도로 안식에 들어갔을 때 하나님께서 그곳에 오래된 한 병자가 치유 받는 것을 보여주셨기 때문입니다. 그곳에는 수많은 환자들이 있었으나 그날 하나님께서 오직 38년 된 병자 한 사람만 고치시는 것

을 보여주셨습니다. 그래서 예수님은 그날 베데스다에 가서서 그 한 명의 병자만 고쳐주시고 그곳을 떠나셨습니다. 그것을 본 수많은 병자들이 자기들도 고쳐주기를 바랐을 것입니다. 그럼에도 그날 하나님께서 다른 환자들에 대해서는 보여주신 것이 없었기에 예수님이 임의로 그들을 고쳐주는 일을 할 수 없었습니다.

인간적으로 생각하면 사랑과 긍휼이 풍성하신 예수님의 마음이 편치 않았을 수 있습니다. 그리고 그들이 얼마나 섭섭해 하고 원망할 것을 예수님도 아실 것입니다. 인간적으로 그들이 불쌍하고 안타깝기도 하셨겠지만 예수님은 하나님이 보여주시지 않은 것을 하실 수 없었습니다.

그런 상황에서 하나님의 안식에서 본 것이 없는 사람은 인간적인 긍휼과 사랑을 내세워 자기 힘으로 다 고쳐주려고 할 것입니다. 하나님으로부터 보고 들은 것이 없는 사람은 자기 생각과 뜻대로 할 수밖에 없기 때문입니다. 그러나 이 땅에서 한 영혼이 구원받고 치유받는 것은 땅에 속한 사람의 일이 아니라 하늘에 속한 하나님의 일입니다. 땅에서 일어나는 일을 사람이 계획해서 노력한다고 이루어지지 않습니다. 오직 하늘에서 하나님께서 계획하시고 완성하신 일을 보고 순종하는 사람들을 통해 그 일이 이루어집니다.

하늘에 속한 이 지성소는 장소적인 개념이 아니라 영적인 영역입니다. 언제 어디서든지 하나님의 임재 안에서 하나님을 만나는 그곳이 지성소입니다. 우리가 하나님의 임재 안에 들어가면 자기 일이 그쳐지고 하나님이 일하시는 상태로 들어갑니다. 그곳에서 우리는 하나님이 보여주시는 일들을 보게 됩니다. 하나님께서 보여주신 것은 이미 그 일이 완성되었음을 뜻합니다. 하나님이 보여주시는 그것에 순종하는 것이 우리가 해야 할 사역입니다.

이것은 우리가 이 땅에서 하는 모든 일에 동일하게 적용됩니다. 하나님의 말씀을 전하는 사람은 하나님의 안식 안에서 자기 생각과 지식을 그치고 먼저 하나님이 계획하시고 완성하신 것을 듣고 보아야 합니다. 안식 안에서 들은 것을 선포할 때, 그 말씀이 이 땅에서 풀어집니다. 마지막 때 많이 나타나는 거짓 선지자는 하나님이 말씀하시지 않는 것을 말하고, 하나님이 보여주시지 않는 것을 보았다고 말합니다. 그들은 하나님이 주시지 않은 거짓 음성을 듣고, 거짓 환상을 보고, 거짓 예언을 합니다.

예레미야 14:14

여호와께서 내게 이르시되 선지자들이 내 이름으로 거짓 예언을 하도다 나는 그들을 보내지 아니하였고 그들에게 명령하거나 이르지 아니하였거늘 그들이 거짓 계시와 점술과 헛된 것과 자기 마음의 거짓으로 너희에게 예언하는도다

하나님의 안식에 들어가지 않은 사람은 기도할 때도 하나님이 하

시지 않은 자기 생각을 통해 다른 말을 듣습니다. 하나님의 지성소에서 보고 들은 것이 없는 사람은 자기 말과 자기 생각을 말할 수밖에 없습니다. 그들은 하나님이 정하신 불과 향이 아닌 다른 것으로 하기 때문입니다.

이 땅에서 우리가 할 수 있는 최고의 일은 지성소에 들어가서 안식하는 것입니다. 지성소에서 하나님이 주시는 그 말씀이 이 땅에 풀어질 때 하나님의 능력이 나타나기 때문입니다. 이제 땅에서 하는 자기 일을 그치고 하늘에서 이루어진 것을 이 땅에 풀어놓는 삶을 살아야 합니다. 그것이 유일하게 이 땅의 문제를 해결하는 하늘의 능력이며 예수 그리스도의 십자가 권세입니다. 이 땅의 모든 문제는 이미 지성소에서 다 해결되어 있기 때문입니다.

여기 지성소로 들어가는 찬양이 있습니다. 이제 예수님의 피를 힘입어 휘장을 지나 담대히 지성소로 들어가시기 바랍니다. 그 분의 임재 안에서 참 안식을 누리시기 바랍니다.

지성소로 들어가라

글 정의호

주께로 더 가까이 나가기 원하네
이제 율법을 지나 은혜로 살리라

그곳은 거룩하고 가장 높은 곳
이제 시내산에서 갈보리로 올라가리라

나를 위해 십자가에 달리신 예수께로
사모하는 주님계신 지성소로 나갑니다

나 이제 예수 피를 힘입어
지성소로 들어가네
예수의 십자가 의지하여
휘장 가운데로 나가네

나 거기서 사랑하는 주님 만나리라
주님의 임재 안에 거하리라

주께로 더 가까이 나가기 원하네
이제 뜰을 지나 더 깊은 곳으로
그곳은 거룩하고 가장 깊은 곳

이제 휘장을 지나 지성소로 들어가리라

나를 위해 보혈 흘리신 예수께로
사모하는 보좌 위의 주님께로 나갑니다

나 이제 예수 피를 힘입어
지성소로 들어가네
예수의 십자가 의지하여
휘장 가운데로 나가네

나 거기서 사랑하는 주님 만나리라
주님의 임재 안에 거하리라

찬양
지성소로 들어가라

이 땅에서 우리가 할 수 있는 최
고의 일은 지성소에 들어가서 안식
하는 것입니다. 이제 땅에서 하는 자
기 일을 그치고 하늘에서 이루어진
것을 이 땅에 풀어놓는 삶을 살아야
합니다.

나누어 보기

1. 안식에 들어가는 것을 막는 것이 무엇인가요?

2. 안식에 들어가기 위해 뜰에서 힘써야 할 것이 무엇인가요?

3. 안식에 들어가기 위해 성소에서 힘써야 할 것이 무엇인가요?

4. 지성소에서 하는 일이 무엇인가요?

5. 안식에 들어가는 삶이 무엇이며, 그것이 왜 신앙에서 중요한지 나누어 보세요.